世界遺産

百舌鳥・古市古墳群をあるく

ビジュアルMAP全案内

久世仁士
著

創元社編集部
編

創元社

はじめに

百舌鳥《もず》・古市《ふるいち》古墳群は大阪府堺《さかい》市、藤井寺《ふじいでら》市、羽曳野《はびきの》市にまたがり、五世紀を中心に築かれた巨大古墳群です。百舌鳥と古市は距離的には一〇キロほど離れていますが、当時の**大王**墓と見られる古墳が交互に築かれるなど、切っても切れない関係にあります。

百舌鳥・古市古墳群を合わせて現在残されているのは約九〇基です。そのうち四九基が世界遺産に登録されました。その大半が宮内庁により**陵墓**《りょうぼ》等に**指定**され非公開で、古墳群の実態解明がなかなか進まない原因のひとつとなっています。世界遺産の登録名称は「仁徳《にんとく》天皇陵古墳」「応神《おうじん》天皇陵古墳」などとなっていますが、誰が葬られているかの確証はありません。したがって本書では、「大山《だいせん》古墳」「誉田山《こんだやま》古墳」などという遺跡名を使います。

ユネスコの勧告後、急激に見学者が増え、数多くの人が訪れるようになりました。大山古墳《仁徳天皇陵》は誰もが知っていますが、それ以外の古墳については地元でもよく知られていません。そこで、現在までの調査成果をもとに、できるだけ客観的に個々の古墳を紹介しました。本書で使用した写真は古墳の現況を見学者の目線で確認できるよう、あえて地上から撮ったものを中心にしています。本書を片手に、はるか一六〇〇年前に思いをはせて、タイムトラベルに出かけてみてはいかがでしょうか。

本書は世界遺産に登録された古墳のみを紹介しましたが、すべての古墳を見学したい方や、さらに詳しく知りたい方には拙著『百舌鳥古墳群をあるく』『古市古墳群をあるく』（ともに創元社）をおすすめします。

本書が古墳めぐりに出かけたい方々にとって少しでもお役に立てれば幸いです。

大王　古墳時代は各地のリーダーが集まって、共同で代表者を決めていた。各地のリーダーは王《きみ》と呼ばれ、その代表者は王のなかの王、大王《おおきみ》と呼ばれた。考古学では大王のことを通常「だいおう」と呼び習わしている。

陵墓　宮内庁では、歴代天皇・皇后・太皇太后・皇太后の墓を「陵」、その他の皇族の墓を「墓」としている。その他、もしかすると天皇や皇族の墓かもしれないというものは「陵墓参考地」と呼ばれている。これ以外に宮内庁の管理しているものに「陪冢《ばいちょう》（陪塚《ばいづか》と同意）」などがある。

指定　宮内庁用語では治定。

目次

地図　河本佳樹
装丁　濱崎実幸

世界遺産登録古墳一覧

（掲載順）

百舌鳥古墳群 （計23基）

墳丘の形（＊1）	名　称	所在地	本書での主な紹介頁
●◀	大山《だいせん》古墳《仁徳《にんとく》天皇陵》	堺市堺区大仙町	26
●	源右衛門山《げんえもんやま》古墳	堺市堺区向陵西町	32
●	大安寺山《だいあんじやま》古墳	堺市堺区大仙町	33
●	茶山《ちゃやま》古墳	堺市堺区大仙町	34
●◀	永山《ながやま》古墳	堺市堺区東永山園	35
●◀	丸保山《まるほやま》古墳	堺市堺区北丸保園	36
●◀	菰山塚《こもやまづか》古墳	堺市堺区南丸保園	37
■	銅亀山《どうがめやま》古墳	堺市堺区大仙町	38
●◀	竜佐山《たつさやま》古墳	堺市堺区大仙中町	39
●◀	孫太夫山《まごだゆうやま》古墳	堺市堺区百舌鳥夕雲町	40
●◀	収塚《おさめづか》古墳	堺市堺区百舌鳥夕雲町	41
●◀	長塚《ながつか》古墳	堺市堺区百舌鳥夕雲町	42
●	塚廻《つかまわり》古墳	堺市堺区百舌鳥夕雲町	43
●◀	ニサンザイ古墳	堺市北区百舌鳥西之町	46
●◀	御廟山《ごびょうやま》古墳	堺市北区百舌鳥本町	50
■	善右ヱ門山《ぜんえもんやま》古墳	堺市北区百舌鳥本町	53
●◀	いたすけ古墳	堺市北区百舌鳥本町	54
●◀	銭塚《ぜにづか》古墳	堺市東区東上野芝町	58
●◀	旗塚《はたづか》古墳	堺市堺区百舌鳥夕雲町	59
■	寺山南山《てらやまみなみやま》古墳	堺市西区上野芝町	60
●	七観音《しちかんのん》古墳	堺市堺区旭ケ丘北町	62
●◀	石津ケ丘《いしづがおか》古墳《履中《りちゅう》天皇陵》	堺市西区石津ケ丘	63
●◀	田出井山《たでいやま》古墳《反正《はんぜい》天皇陵》	堺市堺区北三国ケ丘町	67

＊1　●◀は前方後円墳（帆立貝形古墳も含む）、●は円墳、■は方墳を示す

古市古墳群（計26基）

墳丘の形（＊1）	名　称	所在地	本書での主な紹介頁
●◀	誉田山《こんだやま》古墳《応神《おうじん》天皇陵》	羽曳野市誉田	74
■	東山《ひがしやま》古墳	藤井寺市野中	78
■	栗塚《くりづか》古墳	羽曳野市誉田	79
■	東馬塚《ひがしうまづか》古墳	羽曳野市誉田	80
●◀	二《ふた》ツ《つ》塚《づか》古墳	羽曳野市誉田	81
●	誉田丸山《こんだまるやま》古墳	羽曳野市誉田	82
●◀	大鳥塚《おおとりづか》古墳	藤井寺市古室	83
●◀	古室山《こむろやま》古墳	藤井寺市古室	84
■	助太山《すけたやま》古墳（三ツ塚《みつづか》古墳）	藤井寺市道明寺	85
■	中山塚《なかやまづか》古墳（三ツ塚《みつづか》古墳）	藤井寺市道明寺	85
■	八島塚《やしまづか》古墳（三ツ塚《みつづか》古墳）	藤井寺市道明寺	85
●◀	仲津山《なかつやま》古墳《仲姫命陵《なかつひめのみことりょう》》	藤井寺市沢田	88
■	鍋塚《なべづか》古墳	藤井寺市沢田	90
●◀	市野山《いちのやま》古墳《允恭《いんぎょう》天皇陵》	藤井寺市国府	91
●◀	前《まえ》の山《やま》古墳《日本武尊白鳥陵《やまとたけるのみことはくちょうりょう》》	羽曳野市軽里	96
●◀	峯ケ塚《みねがづか》古墳	羽曳野市軽里	99
●	青山《あおやま》古墳	藤井寺市青山	100
■	浄元寺山《じょうがんじやま》古墳	藤井寺市青山	101
●◀	墓山《はかやま》古墳	羽曳野市白鳥	102
■	西馬塚《にしうまづか》古墳	羽曳野市白鳥	103
■	向墓山《むこうはかやま》古墳	羽曳野市白鳥	104
■	野中《のなか》古墳	藤井寺市野中	105
●◀	はざみ山《やま》古墳	藤井寺市野中	106
●◀	鉢塚《はちづか》古墳	藤井寺市藤井寺	107
●◀	岡《おか》ミサンザイ古墳《仲哀《ちゅうあい》天皇陵》	藤井寺市藤井寺	108
●◀	津堂城山《つどうしろやま》古墳	藤井寺市津堂	110

＊1　●◀は前方後円墳、●は円墳、■は方墳を表す

東大阪市
生野区
大阪市
八尾市
平野区
東住吉区
松原市
藤井寺市
羽曳野市
東区
美原区
富田林市
大阪狭山市
太子町
河南町
東大阪南IC
八尾IC
久宝寺緑地
長原IC
松原JCT
松原IC
藤井寺IC
美原北IC
美原JCT
美原IC
美原南IC
美原東IC
羽曳野IC
羽曳野東IC
柏原 IC
駒 川
平 野
喜連瓜破
三宅西
三 宅
大 堀
大阪メトロ千日前線
JRおおさか東線
大阪メトロ谷町線
近鉄南大阪線
阪神高速松原線
近畿自動車道
JR大和路線
近鉄信貴線
西信貴ケーブル
近鉄大阪線
近鉄道明寺線
近鉄南大阪線
近鉄長野線
南海高野線
南阪奈道路
西名阪自動車道
大和川
石川
狭山池
八尾南駅
八尾空港
河内天美駅
河内松原駅
布忍駅
高見ノ里駅
恵我ノ荘駅
高鷲駅
藤井寺駅
土師ノ里駅
道明寺駅
柏原駅
柏原南口駅
安堂駅
高井田駅
古市駅
駒ケ谷駅
上ノ太子駅
喜志駅
富田林駅
初芝駅
萩原天神駅
北野田駅
狭山駅
大阪狭山市駅
大泉緑地
藤井寺市役所
羽曳野市役所
市野山古墳《允恭天皇陵》
津堂城山古墳
岡ミサンザイ古墳《仲哀天皇陵》
誉田山古墳《応神天皇陵》
仲津山古墳《仲姫命陵》
墓山古墳
前の山古墳《日本武尊白鳥陵》
古市古墳群全図…P.70
大阪府立近つ飛鳥博物館
0 1000 2000m
25
170
309
310
166

世界遺産 百舌鳥・古市古墳群全図
天王寺区
天王寺公園
天王寺駅
43
津守
大阪メトロ四つ橋線
天王寺
大阪阿倍野橋駅
文の里
阿倍野
阪堺線
南港北
浪速区
大正区
阿倍野区
木津川
玉出
阪神高速湾岸線
26
上町線
大阪メトロ御堂筋線
住之江区
南港中
南港南
住之江公園
住吉公園
長居公園
479
住吉区
住之江
田出井山古墳
《反正天皇陵》
三宝JCT
三宝
鉄砲
七道駅
浅香山駅
阪神高速堺線
浅香駅
大浜
北区
北花田駅
堺駅
堺市駅
堺区
大浜公園
堺東駅
堺市役所
阪堺線
堺
金岡公園
湊駅
新金岡駅
三国ケ丘駅
出島
南海線
大山古墳
《仁徳天皇陵》
石津
百舌鳥八幡駅
石津川駅
大仙公園
百舌鳥駅
石津ケ丘古墳
《履中天皇陵》
なかもず駅
中百舌鳥駅
いたすけ古墳
御廟山古墳
諏訪ノ森駅
上野芝駅
百舌鳥古墳群全図…P.22
白鷺公園
白鷺駅
26
浜寺
浜寺駅前駅
浜寺公園駅
津久野駅
高石市
ニサンザイ古墳
浜寺公園
羽衣駅
東羽衣駅
高石
鳳駅
伽羅橋駅
深井駅
高師浜駅
阪和自動車道
堺市
中区
富木駅
高石駅
泉北高速鉄道
泉大津市
助松JCT
西区
綾園
平井
堺JCT
取石
太平寺
北助松駅
堺泉北道路
菱木
堺IC
北信太駅
泉大津
松ノ浜駅
JR阪和線
和泉市
泉大津駅
信太山駅

古墳時代年表

時代	世紀	西暦	文献史料からわかること	考古学からわかること	百舌鳥古墳群の主な古墳	古市古墳群の主な古墳
弥生時代	2世紀	180頃	この頃、倭国おおいに乱れる（魏志倭人伝）			
弥生時代	3世紀			各地に大型の墳丘墓がつくられる		
		239	邪馬台国の女王卑弥呼が魏に使いを送る。「親魏倭王」の金印と銅鏡百枚を受ける（魏志倭人伝）			
		240～248	この頃、卑弥呼が亡くなる。径百余歩の墓をつくる。卑弥呼の宗女トヨが女王となる（魏志倭人伝）			
古墳時代 前期				巨大前方後円墳が出現、オオヤマト古墳群がつくられはじめる		
	4世紀			佐紀古墳群がつくられはじめる		
		372	百済が倭に使いを派遣して七支刀を送る（石上神宮の七支刀）			
		4世紀後期	百済との連携強化			
		391	倭国軍が渡海して百済・新羅を破る（広開土王碑）	古市・百舌鳥古墳群がつくられはじめる		津堂城山古墳
		396	高句麗の好太王が百済を破る（広開土王碑）	この頃、九州北部で横穴式石室を持つ古墳が現れる		
		399	百済・倭連合軍が新羅に侵入する（広開土王碑）			
		4世紀末	高句麗の好太王が大軍を発動して百済を攻める。日本も援軍を派遣し、激戦を展開	須恵器の生産がはじまる		仲津山古墳《仲姫命陵》
中期	5世紀	400	好太王が倭国軍を破り、追撃して任那・加羅に至る（広開土王碑）		石津ケ丘古墳《履中天皇陵》	
		421	倭国王讃が宋に貢ぎ物を送る（宋書倭国伝）			墓山古墳
		438	倭国王讃が没し、弟の珍が立つ（宋書倭国伝）		いたすけ古墳	誉田山古墳《応神天皇陵》
			宋の文帝が珍を安東将軍倭国王とする（宋書文帝紀）		御廟山古墳	
		443	倭国王済が宋に使いを送り、安東将軍倭国王を授けられる（宋書倭国伝）			
				この頃、吉備や上毛野に巨大古墳がつくられる		
		462	倭国王済が亡くなり、後継の興が宋に貢ぎ物を送る。安東将軍倭国王を授けられる（宋書倭国伝）	近畿の一部の古墳で横穴式石室が採用される	大山古墳《仁徳天皇陵》	
		471	稲荷山鉄剣銘文にワカタケル大王の文字	この頃、群集墳が現れる	田出井山古墳《反正天皇陵》	
		475	高句麗が百済の都、漢城を攻略する（三国史記他）			市野山古墳《允恭天皇陵》
		478	倭国王興が亡くなり、弟の武が立つ。武が宋に使いを送る。宋の順帝が武に安東大将軍倭王を授ける（宋書倭国伝）			前の山古墳《日本武尊白鳥陵》
			新羅が大きく領域を拡大。加耶も勢力下に。日本の政治的軍事的影響力が低下		ニサンザイ古墳	岡ミサンザイ古墳《仲哀天皇陵》
後期	6世紀	507	男大迹王（継体）が即位（日本書紀）			
		538	百済の聖明王が日本に仏教を伝える（元興寺縁起他）			
飛鳥時代		596	蘇我馬子が飛鳥寺を造営する（日本書紀）	大規模前方後円墳の造営がされなくなる		
	7世紀	645（大化元年）	乙巳の変（日本書紀）これより大化の改新がはじまる			
		672	壬申の乱（日本書紀）			

古墳の編年

	百舌鳥古墳群	古市古墳群
4世紀後半		古室山古墳 津堂城山古墳
4世紀末		大鳥塚古墳 仲津山古墳《仲姫命陵》 鍋塚古墳 ニツ塚古墳
5世紀初頭	石津ケ丘古墳《履中天皇陵》 寺山南山古墳	
5世紀初頭～前半	永山古墳	
5世紀前半	いたすけ古墳 御廟山古墳 七観音古墳 善右ヱ門山古墳	栗塚古墳 誉田山古墳《応神天皇陵》 墓山古墳 はざみ山古墳 東馬塚古墳 東山古墳 向墓山古墳
5世紀中頃	収塚古墳 源右衛門山古墳 菰山塚古墳 大山古墳《仁徳天皇陵》 田出井山古墳《反正天皇陵》 塚廻古墳 銅亀山古墳 長塚古墳 旗塚古墳 孫太夫山古墳	青山古墳 浄元寺山古墳
5世紀中頃～後半	丸保山古墳	市野山古墳《允恭天皇陵》 誉田丸山古墳 野中古墳
5世紀後半	銭塚古墳 ニサンザイ古墳	岡ミサンザイ古墳《仲哀天皇陵》 西馬塚古墳 鉢塚古墳 前の山古墳《日本武尊白鳥陵》
5世紀末	竜佐山古墳	
5世紀末～6世紀初頭		峯ケ塚古墳

編年不明の古墳は省いた

は前方後円墳（帆立貝形古墳も含む）、は円墳、は方墳を表す

古墳の基礎知識

●近畿地方に集中する巨大古墳

遺跡は行政用語で「埋蔵文化財」と呼ばれ、貝塚、集落、寺院跡や宮跡などがあり、古墳もそのひとつです。古墳は全国におよそ一六万基あるといわれています。そのうち、大半が円墳《えんふん》で、前方後円墳《ぜんぽうこうえんふん》が約五二〇〇基、前方後方墳《ぜんぽうこうほうふん》は約五〇〇〇基あります。墳丘《ふんきゅう》の長さが一〇〇メートルを超える古墳は約三〇〇基。その約半数は近畿地方に集中します。

●古墳の形

古墳は真上から見た形によって、基本的には円墳、方墳、前方後円墳、前方後方墳がありま す。古墳の形は身分の違い、大きさは権力を示しており、前方後円墳は最も有力な王や豪族の墓で、その大きさによって実力が示されていると考えられます。

前方後円墳の前方部が短いものを帆立貝形古《ほたてがいがた》墳、そのほか双円墳《そうえんふん》、双方墳《そうほうふん》、双方中円墳《そうほうちゅうえんふん》、八角墳《はっかくふん》、六角墳《ろっかくふん》があります。古墳時代中期までの大王墓はすべて前方後円墳ですが、後期には大王や有力豪族の墓は方墳が主流になり、末期になると天皇クラスの墓は八角形に変わります。

●日本一大きい古墳は大山古墳か

クフ王のピラミッドや秦《しん》の始皇帝《しこうてい》陵《りょう》と比べて大山《だいせん》古墳は世界一大きいと言われることがありますが、それは墳丘の平面積のみを比べてのことです。墳墓は立体的な構築物であるとともに、さまざまな付帯設備を持っています。文化も時代も違うものを比べることには少なからず無理があります。ちなみに容積で比較すると、応神《おうじん》天皇陵に指定されている**誉田山《こんだやま》古墳**にわずかに及びません。

●古墳には誰が葬られているか

日本の古墳からは墓誌などの被葬者を特定す

誉田山古墳　誉田御廟山古墳とも呼ばれている。

るものは出土していません。わずかに奈良県明日香村の野口王墓《のぐちのおうのはか》古墳が天武《てんむ》天皇持統《じとう》天皇合葬陵、京都市山科《やましな》区の御廟野《ごびょうの》古墳が天智《てんち》天皇陵、大阪府高槻《たかつき》市今城塚《いましろづか》古墳が継体《けいたい》天皇陵であることが有力視されています。

　現在、宮内庁では「○○天皇陵」などとしていますが、これは幕末から明治にかけて、平安時代に編纂された『延喜式《えんぎしき》』などに基づいて指定されたもので、科学的な根拠に乏しいものが少なくありません。大山古墳は仁徳天皇の墓とされていますが、息子である履中《りちゅう》天皇の墓（石津ケ丘《いしづがおか》古墳）のほうが先につくられたことが定説になっています。そればかりか仁徳天皇の実在性そのものを疑う研究者もいます。

　最近の研究の進展により、各古墳のつくられた年代がほぼ推定できるようになってきました。

畿内大型古墳群の分布

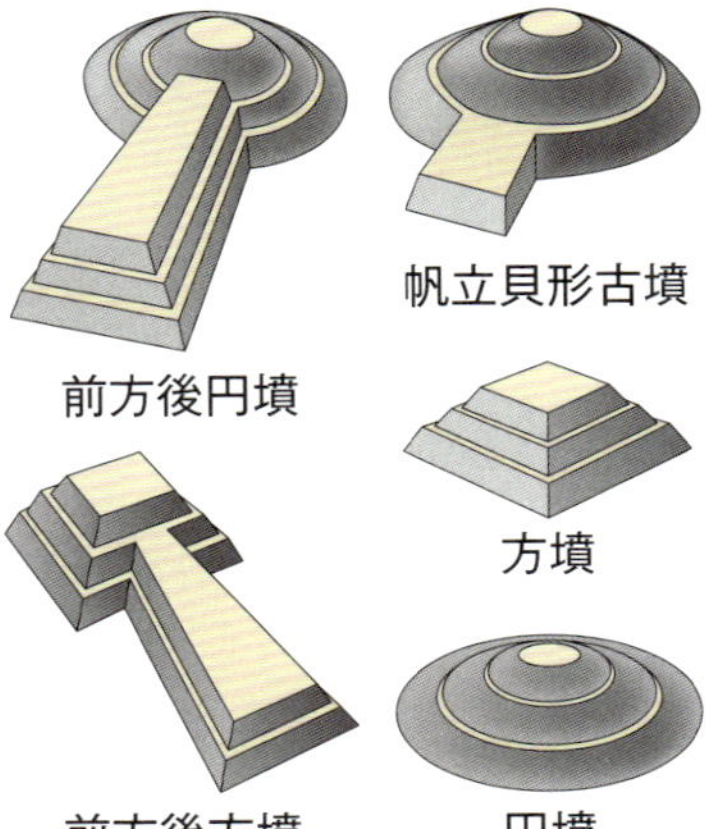

古墳の形

復元された心合寺山古墳の葺石

陵墓に指定された主な前方後円墳

古墳名	天皇及び皇族名	所在地
行燈山古墳	崇神天皇	奈良県天理市
宝来山古墳	垂仁天皇	奈良市
渋谷向山古墳	景行天皇	奈良県天理市
佐紀石塚山古墳	成務天皇	奈良市
岡ミサンザイ古墳	仲哀天皇	大阪府藤井寺市
誉田山古墳	応神天皇	大阪府羽曳野市
大山古墳	仁徳天皇	大阪府堺市
石津ケ丘古墳	履中天皇	大阪府堺市
田出井山古墳	反正天皇	大阪府堺市
市野山古墳	允恭天皇	大阪府藤井寺市
白髪山古墳	清寧天皇	大阪府羽曳野市
(不明)	顕宗天皇	奈良県香芝市
野中ボケ山古墳	仁賢天皇	大阪府藤井寺市
太田茶臼山古墳	継体天皇	大阪府茨木市
高屋築山古墳	安閑天皇	大阪府羽曳野市
鳥屋ミサンザイ古墳	宣化天皇	奈良県橿原市
平田梅山古墳	欽明天皇	奈良県明日香村
太子西山古墳	敏達天皇	大阪府太子町
佐紀高塚古墳	称徳天皇	奈良市
市庭古墳	平城天皇	奈良市
中山茶臼山古墳	大吉備津彦命	岡山市
箸中山古墳	倭迹迹日百襲姫命	奈良県桜井市
佐紀陵山古墳	日葉酢媛命	奈良市
淡輪ニサンザイ古墳	五十瓊敷入彦命	大阪府岬町
羽咋御陵山古墳	磐衝別命	石川県羽咋市
日岡山高塚(褶墓)古墳	播磨稲日大郎姫命	兵庫県加古川市
能褒野王塚古墳	日本武尊	三重県亀山市
前の山(軽里大塚)古墳	日本武尊	大阪府羽曳野市
西本郷和志山１号墳	五十狭城入彦皇子	愛知県岡崎市
牟礼大塚古墳	神櫛王	香川県高松市
五社神古墳	神功皇后	奈良市
仲津山古墳	仲姫命	大阪府藤井寺市
菟道丸山古墳	菟道稚郎子尊	京都府宇治市
上のびゅう塚古墳	都紀女加王	佐賀県上峰町
ヒシャゲ古墳	磐之媛命	奈良市
北花内大塚古墳	飯豊天皇	奈良県葛城市
西殿塚古墳	手白香皇女	奈良県天理市
高屋八幡山古墳	春日山田皇女	大阪府羽曳野市
宇治黄金塚古墳	伊豫親王	京都市
片平大塚古墳	仲野親王	京都市

同じ年代につくられた最も大きい前方後円墳が、大王の墓であると考えることもできます。しかし、同時代に大王墓と匹敵する規模を持つ古墳がいくつもあり、各地に有力者がたくさんいたことがわかります。また、ひとつの古墳に複数の人が葬られている例もあり、大王一人のための墓であったかどうか疑問です。

●古墳はどのようにして築かれたか

古墳時代初期の前方後円墳の多くは丘陵の尾根などを利用してつくられています。少ないコストでより壮大に見せるにはもってこいの場所です。中期になると平野部で巨大な古墳が築かれるようになります。より多くの労力が必要ですが、民衆を動員する力が王の権威の証であっ

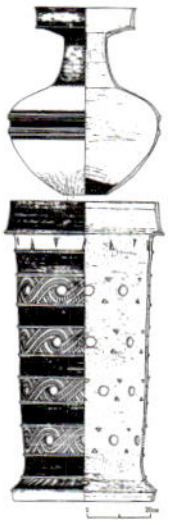

特殊器台と
特殊壺

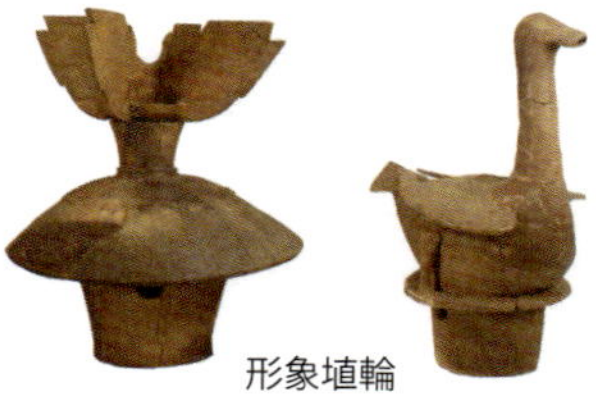

形象埴輪
右：水鳥形（津堂城山古墳）
左：衣蓋形（津堂城山古墳）

円筒埴輪と朝顔形埴輪

たのでしょう。百舌鳥《もず》・古市《ふるいち》古墳群は、中期の大古墳群です。

　百舌鳥・古市古墳群の前方後円墳の大半は満々と水をたたえた堀をめぐらせていますが、本来、水を貯めるためのものかどうかは定かではありません。したがって本書では「濠」ではなく「堀」の字を使っています。近畿地方の古墳の多くは溜池《ためいけ》として堀を利用しており、新田開発などに伴い、より多くの水を確保するために堀を拡張したり、堤をかさ上げしたりしている例が多く見られます。

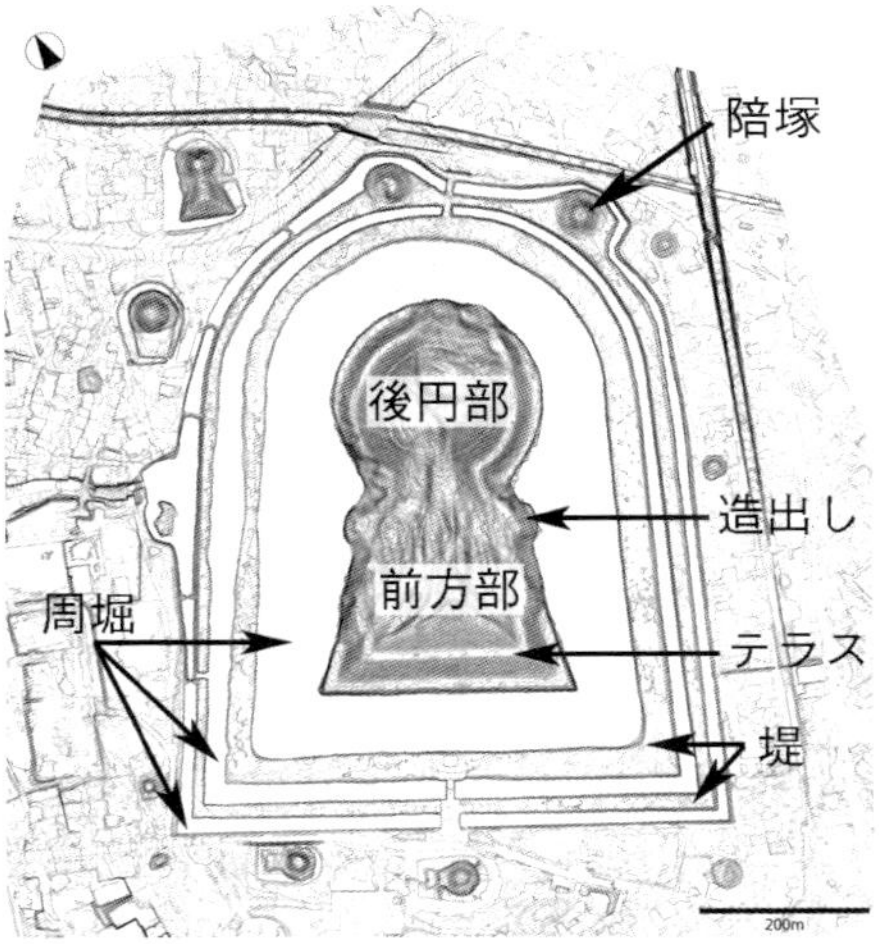

前方後円墳の名称

　前方後円墳の中には同じ形で縮尺の違う古墳があります。古墳の形を正確につくるためには設計図と物差しがあったことは間違いありません。大林組が大山古墳をつくるための労力と期間を試算しています。それによると、一日二〇〇〇人の人が働いて一五年八か月かかるとされています。墳丘や堤上には約三万本もの埴輪《はにわ》が立て並べられていたと推定されていますが、この埴輪をつくるためにさらに多くの時間と労力が使われたでしょう。

●葺石と埴輪

　古墳はつくられた当初、現在のように鬱蒼とした樹木に覆われていたわけではありません。古墳の表面を山石や河

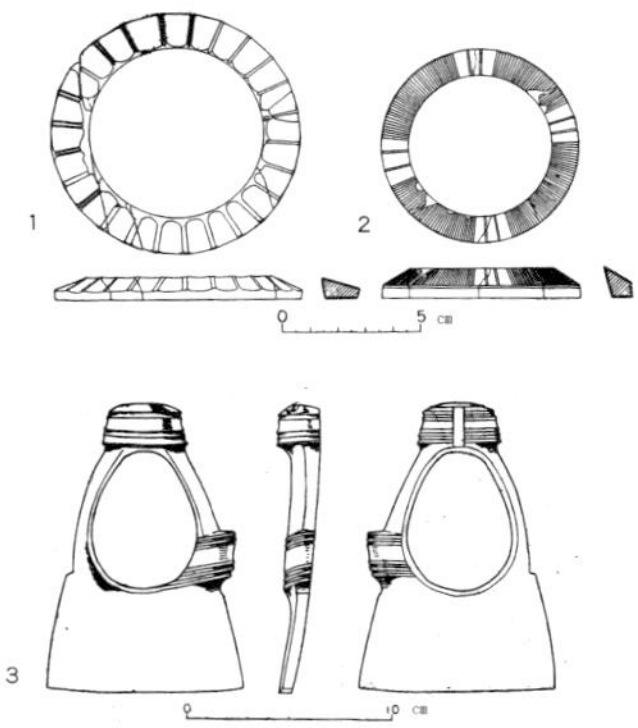

腕輪形石製品（和泉黄金塚古墳出土。1. 石釧、2. 車輪石、3. 鍬形石）

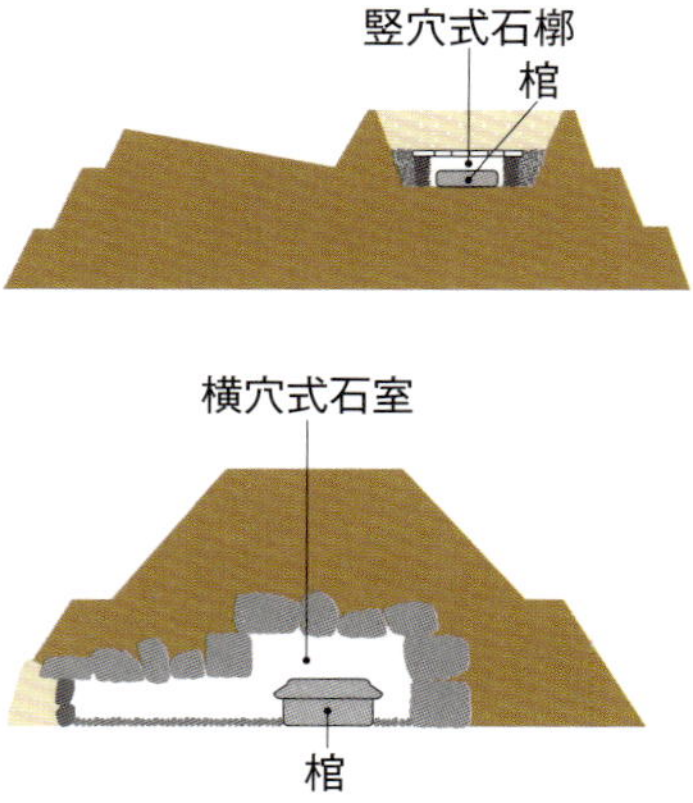

埋葬施設のいろいろ
上：竪穴式石槨、下：横穴式石室

原石などで覆い、下から見ると無機質な石の構築物に見えます。この石は考古学用語では葺石《ふきいし》と呼ばれています。大阪府八尾《やお》市の心合寺山《しおんじやま》古墳では、整備事業で築造当初の姿に復元されています（一三頁写真）。

墳丘や堤上には埴輪がめぐらされています。筒状をした円筒《えんとう》埴輪や上部がラッパ状に開く朝《あさ》顔《がお》形埴輪が基本ですが、それ以外に人物、動物、家、武器、**衣蓋**《きぬがさ》、舟などの形をした形象《けいしょう》埴輪があります（一四頁写真）。埴輪は殉死の代わりにつくられたとの伝承がありますが、人物や動物の埴輪は円筒埴輪の後に出現します。埴輪の祖型は亡くなった首長を祀る特殊器台《とくしゅきだい》や特殊《とくしゅ》壺《つぼ》と呼ばれる焼き物から発達したと考えられています（一四頁図）。円筒埴輪は、その形やつくり方が細かく研究され、製作された前後関係がたどれるようになりました。埴輪の型式が古墳の築造年代を決める物差しとして使われています。

●埋葬施設と副葬品

前方後円墳の**埋葬施設**は通常、後円部の中心にありますが、なかには前方部にもある古墳があります。一般に前期の古墳には竪穴式石槨《たてあなしきせっかく》や**粘土槨**《ねんどかく》が多く、後期になると横穴式石室《よこあなしきせきしつ》が普及します。葬られているのは一人とは限らず、夫婦、親子など複数の棺が納められた例もあります。竪穴式石槨は一回きりの使用ですが、横穴式石室には複数回使用された例もあります。このことは、前期と後期では古墳をつくる意義や他界観が大きく変化したことを示しています。

古墳時代末期には高松塚《たかまつづか》古墳のような人一人

衣蓋　蓋、衣笠、絹傘とも書き、絹で張った長柄の傘で古代、天皇、親王、公卿などの行列に差し翳すのに用いられた。

埋葬施設　考古学用語で主体部とも呼ばれる。

槨　墓室内部の棺を保護するカプセル。

粘土槨　遺骸を安置するために粘土床を設け、さらに遺骸を納めてから粘土でこれを被覆した施設。直接遺骸を覆うもののほか、木棺に安置してから粘土で被覆する場合もある。床にだけ粘土を敷いたものが多い。しかし木棺はほとんど腐って消滅する。

横口式石槨　後期〜末期の古墳にみられる横穴式墓制のひとつであり、切石を用いて、内部に木棺や乾漆棺を納められる程度の大きさで、短辺の小口部が開口する。代表的な例に高松塚古が腰をかがめてやっと入れるぐらいの**横口式石槨**《よこぐちしきせっかく》が現れます。石室の内部に絵を描いた古墳は装飾《そうしょく》古墳と呼ばれ、九州地方や関東地方に多く見られます。

棺には木棺《もっかん》、石棺《せっかん》、焼き物でつくった陶棺《とうかん》、布地を何枚か漆《うるし》で固めた夾紵棺《きょうちょかん》があります。大山古墳前方部や津堂城山《つどうしろやま》古墳などで見つかった**長持**《ながもち》**形石棺**は別名「王者の棺」ともいわれています。棺に使われた石材は大阪府と奈良県境の二上山《にじょうざん》や兵庫県高砂《たかさご》市、はるか遠く九州の阿蘇山などからも運ばれています。

遺体と一緒にいろいろなものが納められています。前期の古墳には鏡や勾玉《まがたま》などの玉類、**碧**《へき》**玉**《ぎょく》製の腕輪の形をした祭祀用の器物、鉄製の武器・武具、農工具が多く、中期には豊富な武器・武具類とともに、石製模造品《せきせいもぞうひん》なども副葬されています。石製模造品とは、実物を模造した小型の粗製の仮器《かき》で、実用品ではなく祭祀に伴う供献《きょうけん》的な性格をもったものと考えられています。前期古墳には必需品であった呪術的な副葬品は、本物ではなく形式的な代用品で補われるようになりました。

石津ケ丘古墳の**陪塚**《ばいづか》である七観《しちかん》古墳には多量の武器・武具が埋納されており、また御廟山《ごびょうやま》古墳に近接したカトンボ山《やま》古墳からはおびただしい数の石製模造品や玉類が出土しています。両古墳には人体埋葬をした痕跡が認められません。このように巨大古墳に隣接する古墳の中には、副葬品だけが納められた古墳は各地に見られます。後期には馬具《ばぐ》や須恵器《すえき》などが多くなります。

以上のことから、葬られている人（首長）が民衆とともに祭祀を執り行うリーダーから、民衆からかけ離れた権力者に変化していく様子が見て取れます。奈良県の藤《ふじ》ノ木《き》古墳からは、超豪華な副葬品が数多く発見されました。しかし、完璧な形で残っている古墳はごくわずかで、ほとんどが過去に盗掘に遭っているものと思われます。現在、宮内庁が厳重に管理している陵墓ですら、その例外ではありません。

墳がある。

長持形石棺　板状の石を組み合わせて長持の形に作った石棺。古墳中期に盛行し、壮大な墳墓から発見される例が多い。

碧玉　石英の一変種で、不純物の違いによって緑色や褐色などさまざまな色や模様のものがある。古墳出土の管玉などは真碧玉ではなく碧玉類似のもの。

陪塚　陪冢《ばいちょう》ともいう。従者の墓という意味で、大型の古墳にごく接近して築かれた同時代の小古墳のことを便宜的にそう呼んでいるが、陪塚とされている古墳の中には人体埋葬を伴わないものもある。

百舌鳥・古市古墳群とは

●二三〇基以上あった百舌鳥・古市古墳群

百舌鳥古墳群は、大阪府堺市の北西部、大阪湾を望む百舌鳥野《もずの》台地の西端と大阪湾岸の低地部にかけて約四キロメートル四方に分布しています。台地の東から西へ石津川が流れており、主な古墳は石津川の北岸と、その支流の百済川《くだら》、百舌鳥川をはさんで築かれています。日本を代表する巨大前方後円墳から小円墳まで一〇〇基以上の存在が確認されています。半壊状態のものも含め現存するのは四四基です。

古市古墳群は大阪府藤井寺市と羽曳野《はびきの》市にまたがり、羽曳野丘陵の先端部である国府《こう》台地を中心に、約四キロメートル四方の範囲に分布しています。この地は奈良盆地から流れてきた大和川と、南からの石川が合流するところの南西部に位置しています。墳丘長二〇〇メートル以上の巨大古墳が七基もあり、現在まで一三〇基以上が確認されていますが、こちらも現存するのは四六基です。百舌鳥古墳群と大きく違う点は、確認された古墳の半数近くが方墳であることです。

世界遺産に登録されたのは百舌鳥古墳群が二三基、古市古墳群が二六基、計四九基です。このうち宮内庁管轄の陵墓等が二九基を数え、大半の古墳が非公開となっています。それ以外は国史跡です。なお、津堂城山《つどうしろやま》古墳、墓山《はかやま》古墳は陵墓と史跡の二重指定です。

両古墳群は東西に一〇キロメートル離れていますが、同緯度上にあります。百舌鳥・古市古墳群は四世紀後半から六世紀後半頃にかけて築かれ、五世紀頃、中国の史書『宋書《そうしょ》』に見える倭《わ》の五王の時代に最も巨大化します。百舌鳥古墳群では大型前方後円墳が築かれるのは五世紀代で終了しますが、古市古墳群は六世紀まで続

古市古墳群遠望（左から誉田山古墳、仲津山古墳、市野山古墳）

きます。

●大和から河内へ

三世紀の中頃から末頃、奈良県南東部に初期ヤマト王権が誕生します。王権は四世紀の中頃に奈良県北部に移動。四世紀末から五世紀になると大阪府の河内《かわち》・**和泉**《いずみ》地域に移ります。その証が各地域に築かれた巨大古墳群です。奈良県桜井市から天理市に築かれた**オオヤマト古墳群**、奈良市北部の佐紀《さき》古墳群、古市古墳群、百舌鳥古墳群です。

オオヤマト古墳群の**箸中山**《はしなかやま》**古墳**（桜井市）は、最初の大王と考えられる卑弥呼、あるいは壹与《とよ》の墓との説もあります。箸中山古墳は墳丘長が二八〇メートルもあり、それまでの墓とは比べものにならないくらい大きくて立派な内容を持っています。日本で最初に築かれた巨大前方後円墳です。

各時期の最大の古墳が大王墓と見なされており、具体的に古墳名を挙げると、オオヤマト古墳群の箸中山古墳→西殿塚《にしとのづか》古墳（天理市）→茶《ちゃ》臼山《うすやま》古墳（桜井市）→メスリ山古墳（同）→行《あん》燈山《どんやま》古墳（天理市）→渋谷向山《しぶたにむこうやま》古墳（同）。続いて佐紀古墳群の佐紀《さき》陵山《みささぎやま》古墳（奈良市）→宝来山《ほうらいさん》古墳（同）→五社神《ごさし》古墳（同）の順に築かれています。

ここからは古市古墳群と百舌鳥古墳群が交互に大王墓を築いていきます。仲津山《なかつやま》古墳（古市）→石津ケ丘《いしづがおか》古墳（百舌鳥）→誉田山古墳（古市）→大山古墳（百舌鳥）→ニサンザイ古墳（百舌鳥）→岡ミサンザイ古墳（古市）という順です。

大王墓が奈良盆地から河内・和泉に移るのをどう解釈するかについては、研究者間で意見が分かれています。つまり古墳はその政治勢力の本拠地に営まれるという立場をとる研究者と、奈良盆地に基盤を置く王権が、単に王墓だけを河内・和泉に移したという意見です。巨大古墳群の移動は王朝の交替であるとの説もありますが、筆者はあくまでも各地の豪族による連合政権内での主導権の交替と考えています。

和泉　古代の国名。現在の和泉市の範囲とは異なり、堺市（一部を除く）から大阪府最南端の岬町までをいう。和泉国ができるまでは、この地域はチヌと呼ばれていた。

オオヤマト古墳群　奈良県南東部、三輪山《みわやま》の麓には北から大和《おおやまと》古墳群、柳本《やなぎもと》古墳群、纏向《まきむく》古墳群などがあり、ここでは南の桜井茶臼山古墳、メスリ山古墳を含めてオオヤマト古墳群とする。山辺《やまのべ》・磯城《しき》古墳群とも呼ばれる。

箸中山古墳　箸墓《はしはか》とも呼ばれている。

各時期の最大の古墳　渋谷向山から宝来山古墳までの前後関係は研究者によって違いがある。また、桜井茶臼山古墳、メスリ山古墳は大王墓から除外する説もある。

古墳探索のコツと注意

　では、次章から各古墳を歩いてめぐってみましょう。本書で紹介したコースにこだわらず、見学コースは自由に設定していただいて結構です。大阪市内から南海線、南海高野線、JR阪和線、地下鉄御堂筋線、近鉄南大阪線が、また関西空港からはJR線と南海線が通じており、古墳群の見学にはこれらの交通機関を使うと便利です。レンタサイクルは大仙公園観光案内所と古市および土師《はじ》ノ里《さと》駅前の駐輪場にあります。

　堺市役所高層館の二一階に展望ルームがあり、大山古墳をはじめ百舌鳥古墳群の主要古墳が一望のもとに見渡せます。最近、JR・南海三国《みくに》ケ丘《がおか》駅の屋上（みくにん広場）と石津ケ丘古墳の後円部に眺望施設が新しくできました。

　古市古墳群の絶景ポイントは、柏原《かしわら》市の宿泊施設サンヒル柏原の駐車場です。誉田山古墳をはじめ古市古墳群の北群の巨大古墳が一望のもとに見渡せます。また、古市古墳群は花見にも最適です。誉田山古墳の外堤は桜の名所です。津堂城山《つどうしろやま》古墳は、桜のほか、菜の花、菖蒲《しょうぶ》、コスモスといった四季折々の花が楽しめます。

　堺市博物館やシュラホールなど、展示施設もあり、見学コースに組み入れてはいかがでしょう。寺山南山《てらやまみなみやま》古墳や峯ケ塚《みねがづか》古墳など、現在史跡整備中で立ち入れないところもあります。

　百舌鳥・古市古墳群は市街地の中にあり、大型バスなどが入る余地はほとんどなく、乗用車でも駐車できるところは限られています。考古学はあるけオロジー（archeology）ともいわれており、自分の足で歩いて古代の息吹を感じてください。ただし、多くの古墳は閑静な住宅街にあります。一般市民の生活エリアの中ですので、私有地に立ち入るなどの迷惑行為は避けていただきますようお願いします。

堺市役所からの展望

第1章　百舌鳥古墳群をあるく

百舌鳥古墳群全図
前方後円墳
（帆立貝形古墳含む）
円墳
方墳
世界遺産
世界遺産以外
M23
田出井山古墳
《反正天皇陵》
M3
大安寺山古墳
M2
源右衛門山古墳
M13
塚廻古墳
M12
長塚古墳
M15
御廟山古墳
M17
いたすけ古墳
M16
善右ヱ門山古墳
M14
ニサンザイ古墳
堺市駅
長尾中学校
警察学校
東三国丘小学校
金岡公園
金岡北中学校
新金岡小学校
新金岡東小学校
新金岡駅
中央環状線
北区役所
堺高校
大阪メトロ御堂筋線
北区
百舌鳥八幡駅
堺市
金岡小学校
百舌鳥古墳群部分図（南部）…P44
中百舌鳥駅
なかもず駅
金岡南小学校
南海高野線
中百舌鳥小学校
百舌鳥小学校
白鷺駅
中百舌鳥中学校
泉北高速鉄道
大阪府立大学
東区
白鷺公園
白鷺小学校

さかい利晶の杜
宿院駅
阪堺線
寺地町駅
熊野小学校
阪神高速堺線
大山古墳周辺図…P25
堺東駅
三国丘小学校
三国丘高校
堺市役所
田出井山古墳周辺図…P66
少林寺小学校
M5
永山古墳
安井小学校
榎小学校
M4
茶山古墳
三国丘中学校
M6
丸保山古墳
M7
菰山塚古墳
三国ヶ丘駅
堺区
陵西中学校
御陵通
だいせん聴覚高等支援学校
M1
大山古墳
《仁徳天皇陵》
M8
銅亀山古墳
M9
竜佐山古墳
堺工科高校
百舌鳥支援学校分校
旭中学校
大仙小学校
M10
孫太夫山古墳
M11
収塚古墳
M19
旗塚古墳
大仙公園
百舌鳥駅
M21
七観音古墳
M20
寺山南山古墳
JR阪和線
堺支援学校
泉北1号線
賢明学院高校
M18
銭塚古墳
西百舌鳥小学校
M22
石津ヶ丘古墳
《履中天皇陵》
百舌鳥川
陵南中学校
上野芝駅
百舌鳥支援学校
堺聴覚支援学校
0
250
500m
西区

1. 大山古墳周辺をめぐる

大山《だいせん》古墳については、多くの研究者がその謎に挑戦してきましたが、その実態はいまだによくわかっていません。その大きな理由のひとつは、現在も宮内庁により「仁徳《にんとく》天皇陵」に指定され、研究者といえども立ち入りを頑なに拒んできたことが大きな原因のひとつです。世界文化遺産登録後も原則非公開の方針は変わらないようです。

拝所のある前方部の正面からでは墳丘を直接見ることはできません。まずは、三国ケ丘駅の屋上公園「みくにん広場」の眺望デッキからその全貌を眺めてみましょう。三国ケ丘駅には難波駅から南海高野線で、あるいは天王寺駅および関西空港駅からJR阪和線で行くことができます。大山古墳を眺望したら、周遊コースが整備されている外周をまわってみましょう。

大山古墳の周囲には陪塚《ばいづか》が取り巻いています。大山古墳の陪塚で世界遺産に登録されているのは源右衛門山《げんえもんやま》古墳、大安寺山《だいあんじやま》古墳、茶山《ちゃやま》古墳、丸保山《まるほやま》古墳、菰山塚《こもやまづか》古墳、銅亀山《どうがめやま》古墳、竜佐山《たつさやま》古墳、孫太夫山《まごだゆうやま》古墳、収塚《おさめづか》古墳、塚廻《つかまわり》古墳です。そのほかに永山《ながやま》古墳と長塚《ながつか》古墳がありますが、その規模から見て陪塚とは考えられません。これらの位置関係は大山古墳拝所の横に模型があり、大山古墳を取り巻く古墳群のおおまかな姿が確認できます。

大山古墳の拝所に直接行かれる方は、JR阪和線の百舌鳥駅が便利です。大仙公園観光案内所にはレンタサイクルもあります。予備知識を仕入れるには公園内にある堺市博物館に立ち寄ることをおすすめします。堺市博物館では大山古墳の石室・石棺図、いたすけ古墳の冑《かぶと》形埴輪のほか百舌鳥《もず》大塚山《おおつかやま》古墳の鉄製品などが常設展示されています。

シャトルバス便　南海堺駅と南海高野線堺東駅から大山古墳まで、土・日・祝日にシャトルバスが運行されている。

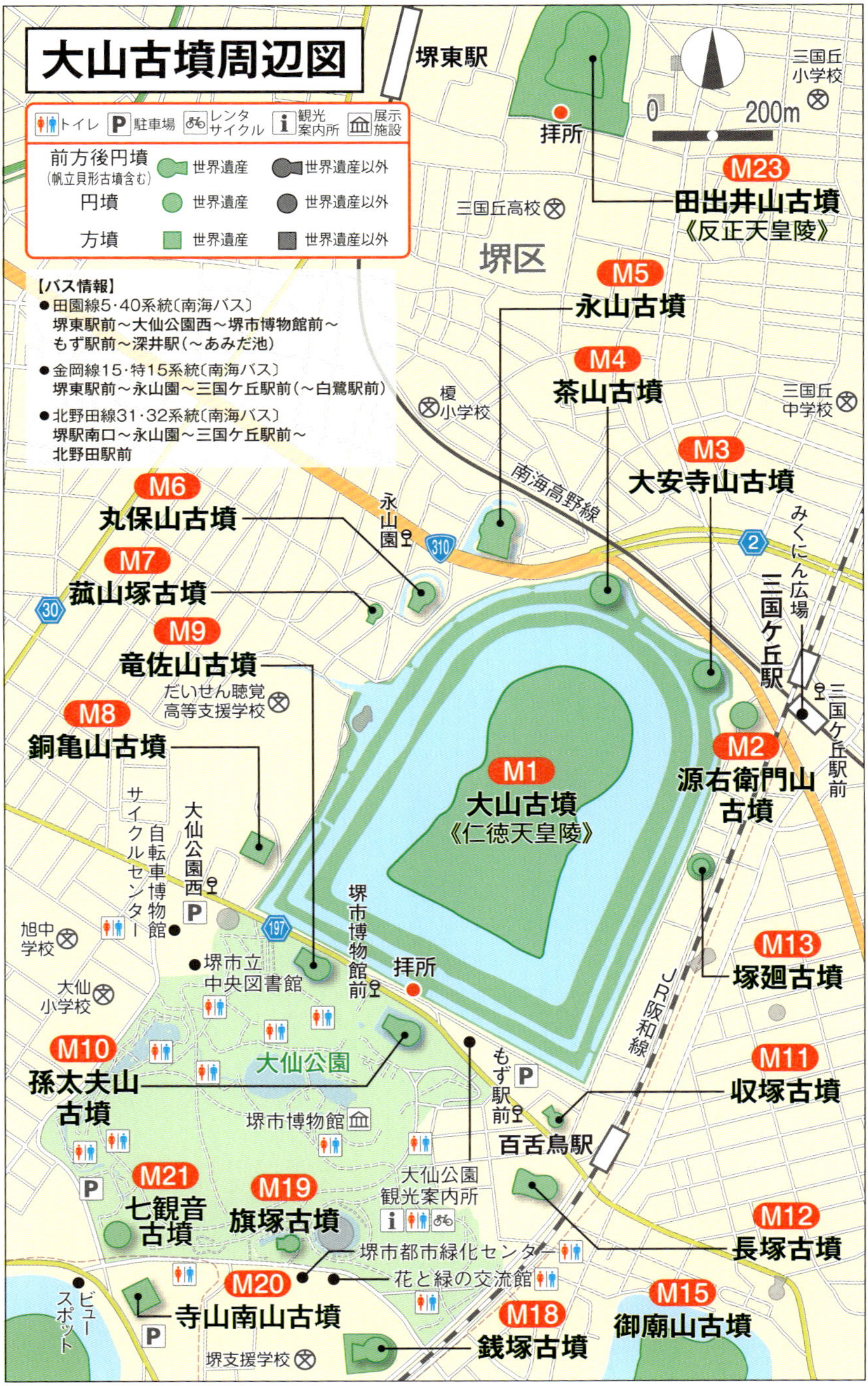

大山古墳周辺図
トイレ
駐車場
レンタサイクル
観光案内所
展示施設
前方後円墳（帆立貝形古墳含む）
世界遺産
世界遺産以外
円墳
方墳
【バス情報】
●田園線5･40系統〔南海バス〕
堺東駅前～大仙公園西～堺市博物館前～もず駅前～深井駅（～あみだ池）
●金岡線15･特15系統〔南海バス〕
堺東駅前～永山園～三国ケ丘駅前（～白鷺駅前）
●北野田線31･32系統〔南海バス〕
堺駅南口～永山園～三国ケ丘駅前～北野田駅前
堺東駅
拝所
三国丘小学校
0
200m
M23
田出井山古墳
《反正天皇陵》
三国丘高校
堺区
M5
永山古墳
M4
茶山古墳
榎小学校
三国丘中学校
M3
大安寺山古墳
南海高野線
みくにん広場
三国ケ丘駅
三国ケ丘駅前
M6
丸保山古墳
永山園
310
2
M7
菰山塚古墳
30
M9
竜佐山古墳
だいせん聴覚高等支援学校
M8
銅亀山古墳
M1
大山古墳
《仁徳天皇陵》
M2
源右衛門山古墳
サイクルセンター
自転車博物館
大仙公園西
旭中学校
197
堺市博物館前
拝所
堺市立中央図書館
大仙小学校
M13
塚廻古墳
JR阪和線
M10
孫太夫山古墳
大仙公園
もず駅前
M11
収塚古墳
堺市博物館
百舌鳥駅
M21
七観音古墳
M19
旗塚古墳
大仙公園観光案内所
M12
長塚古墳
堺市都市緑化センター
ビュースポット
M20
花と緑の交流館
M15
御廟山古墳
寺山南山古墳
M18
銭塚古墳
堺支援学校

上空から大山古墳（右）を望む。反時計回りに大仙公園、石津ケ丘古墳、いたすけ古墳、御廟山古墳

M1 大山《だいせん》古墳《仁徳《にんとく》天皇陵》

●大山古墳の概要

前方部三段、後円部**四段築成《ちくせい》**の前方後円墳で、東西のくびれ部に**造《つくり》出《だ》し**があります。現状では堀は三重にめぐらされており、周辺に十数基の陪塚があります。ただし、三重目の堀は明治年間に再掘削されたものです。この三重目の堀はそれまで新田開発によって大部分が埋め立てられていました。古い絵図には前方部に三重目の堀の一部と見られる池が描かれているものがあります。築造当初からあった可能性が高いのですが、それが完周していたかどうかは議論の分かれるところです。

墳丘長四八六メートル、後円部の直径二四九メートル、高さ三五・八メートル、前方部の幅三〇七メートル、高さ三四メートル、堀も含めた古墳全体の大きさ（兆域《ちょういき》）は、八四〇メートル×六五四メートルです。

古墳データ

別称：仁徳天皇陵古墳、仁徳陵古墳、仁徳陵、大仙陵古墳、大仙古墳、百舌鳥耳原中陵
所在地：堺市堺区大仙町
墳丘の形：前方後円墳
墳丘長：４８６ｍ
築造時期：５世紀中頃

四段築成　四段重ねに古墳がつくられている状態。通常は三段で二段のものもある。

造出し　前方後円墳のくびれ部の左右または片側につけ加えられた方形の張り出しで、帆立貝形古墳や円墳にもつけられている例がある。

前方部中段から一八七二年（明治五）に河原石積みの竪穴式石槨《せっかく》で覆われた長持形石棺《ながもちがたせっかん》が露出し、金製《きんせい》**歩揺**《ほよう》がついた眉庇付冑《まびさしつきかぶと》と**金銅製**《こんどうせい》（または鉄地金銅張《てっちこんどうばり》）の**横矧板鋲留短甲**《よこはぎいたびょうどめたんこう》、ガラス器、大刀の金具および鉄刀が出土したと伝えられています。石棺および甲冑《かっちゅう》の詳細な図が残されており、石棺は津堂城山《つどうしろやま》古墳のものと外形や寸法がよく似ています。なお、石槨が見つかった位置は前方部中段と伝えられていますが、前方部最上段や後円部ではないかとの指摘もあります。

大山古墳レーザー測量図

円筒埴輪は墳丘や外域に何重にもめぐらされていたと見られ、総数で三万本近くあったと推定されています。形象埴輪は後円部の三重堀工事で出土したといわれる女子人物頭部や、琴を弾く巫女《みこ》と二種類の馬のほか、**靫**《ゆぎ》形、犬形（または雌鹿）、水鳥形、衣蓋《きぬがさ》形、イノシシ形、短《たん》甲《こう》着装人物の胴や家形埴輪などが伝えられています。また東側の造出しから須恵器《すえき》大甕《おおがめ》の破片が多数出土。埴輪や須恵器は五世紀の中頃から第三四半期の年代が与えられています。

墳丘実測図を見ると、前方部正面の段築《だんちく》が直線できれいに整っているのに比べ、墳丘全体の等高線が乱れていることが見て取れます。これは中世に城郭として利用されたためとか、未完成の古墳であったなどの説がありますが、地震で崩落したのが真相のよう。前方部は幕末の修陵の際、整えられたものでしょう。

歩揺　頭髪具などに薄い金板や玉を連ねて垂下した飾りで、歩くごとに揺らぐのでこう呼ばれている。

金銅製　銅や青銅の地に鍍金《めっき》したもの。

横矧板鋲留短甲　短甲の一種で、横長の鉄板を鋲で留めたもの。

靫　弓矢を盛り携帯する器具。矢筒ともいわれる。

●ボストン美術館所蔵の遺物

アメリカのボストン美術館には「伝仁徳皇帝墓出土」と記された**鳳凰文環頭大刀**《ほうおうもんかんとうたち》の金箔張柄《きんぱくばりつか》頭《がしら》、**細線式獣帯鏡**《さいせんしきじゅうたいきょう》一面と青銅製**馬鐸**《せいどうせいばたく》二点、**三**《さん》**環鈴**《かんれい》が保管されています。これらは、石槨が見つかった時に流出したものとの疑いがありましたが、最近になって真相が明らかになりました。宮内庁は二〇一一年「書陵部紀要」(六二号)で、これらの遺物について公式調査を行い、「年代や購入記録から大山古墳出土の可能性は極めて低い」と発表しました。

獣帯鏡は五世紀後半～六世紀前半、他の遺物は六世紀前半のもので、大山古墳の築造時期は五世紀中頃との説が有力で、五点をセットで埋納したなら築造時期は六世紀前半となり、大山古墳とは年代が合わない可能性が高いのです。環頭太刀柄などは「古代の墓から出土した青銅器」とあるだけで、大山古墳を示す記載はいっ

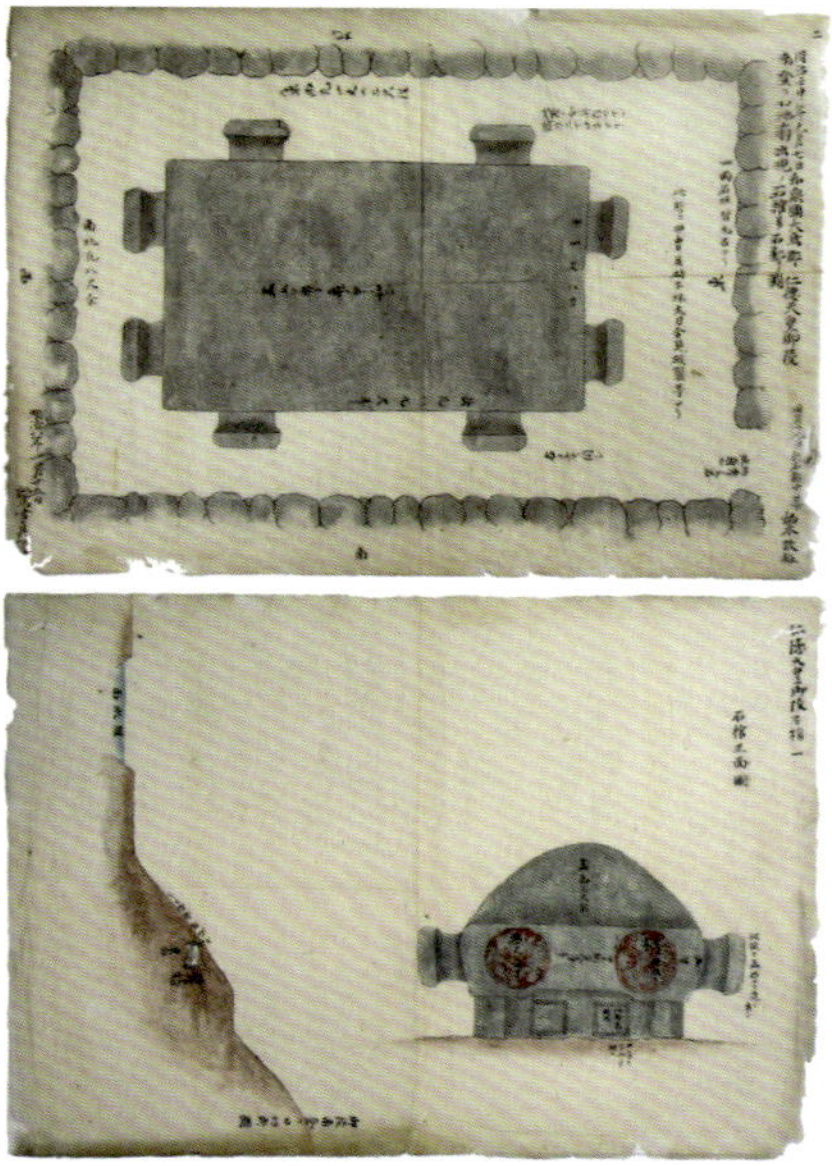

大山古墳前方部の石棺図

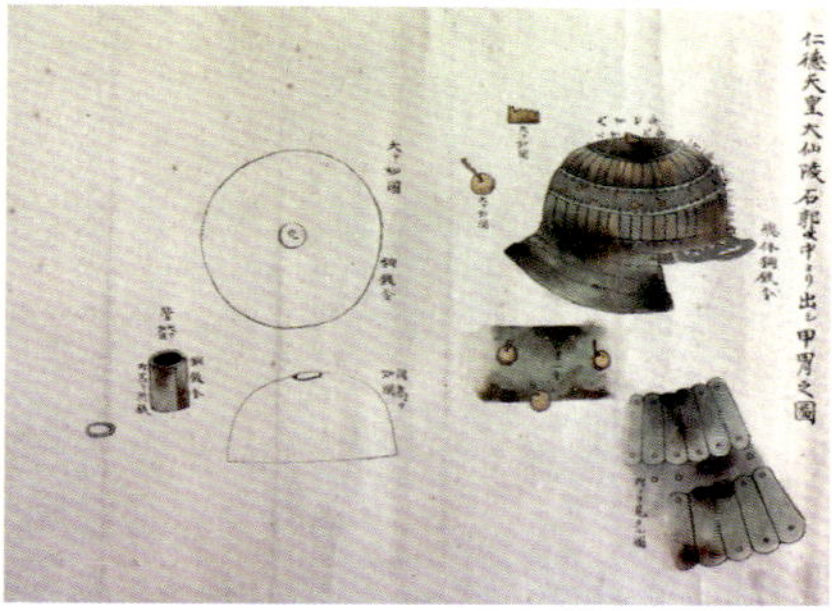

大山古墳前方部出土甲冑図

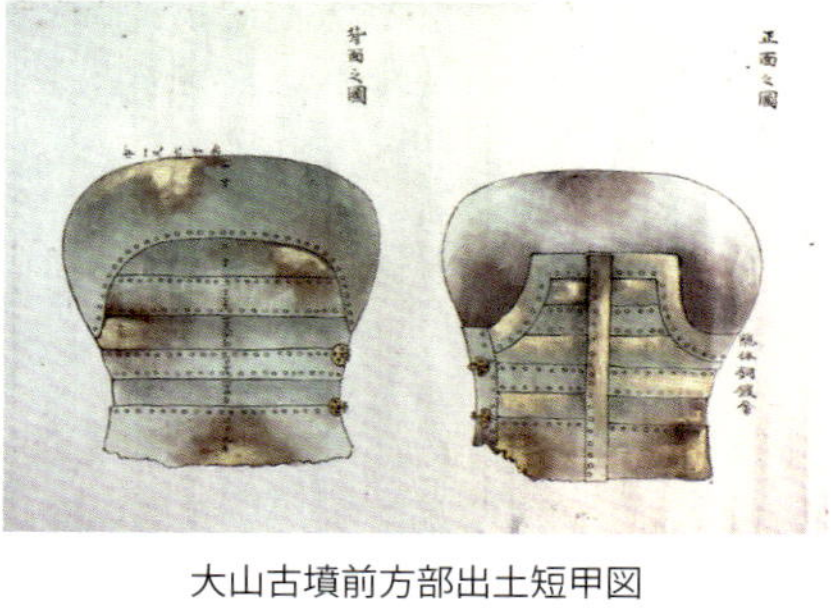

大山古墳前方部出土短甲図

鳳凰文環頭大刀　柄の頭部が環状をなす刀で内部に鳳凰の飾りがついたもの。

細線式獣帯鏡　内側の帯状の円圏の部分に主として獣形が帯文としてめぐらされている鏡。細線式と半肉彫のものもある。

さいなかったようです。

●大山古墳の被葬者

さて、大山古墳には誰が葬られているのか。これは誰しも興味のあるところです。ここでは、『古事記』『日本書紀』（以下『記・紀』と略す）などに記された没年代をもとに可能性を探るにことにとどめ、読者諸氏が独自な見解で推理してみてください。

まず、仁徳天皇が葬られているかどうか。仁徳は『記・紀』には「オオサザキ」と記されており、『日本書紀』によると仁徳元年に即位し、同八七年に死亡したことになっています。その間、実に八七年間在位したことになります。仁徳八七年がいつかは定かではありませんが、その干支《かんし》から西暦三九九年と想定されています。生まれたのは神功《じんぐう》五七年（二五七）。実に一四二歳まで生きたことになっています。仁徳天皇の実在そのものに疑いが持たれていますが、仮に三九九年に死亡したとしても、大山古墳の築造年代よりも半世紀以上前のこと。年代だけでみると允恭《いんぎょう》（四五三年没）、安康《あんこう》（四五六年没）が可能性として上がります。

馬鐸　馬具の一種で、馬具を馬体に装着させる胸繋《むながい》に垂下した馬鈴の一種。

三環鈴　三個の鈴を胴の輪につけたもの。馬具として用いられ、鈴の数によって二環鈴、四環鈴などもある。

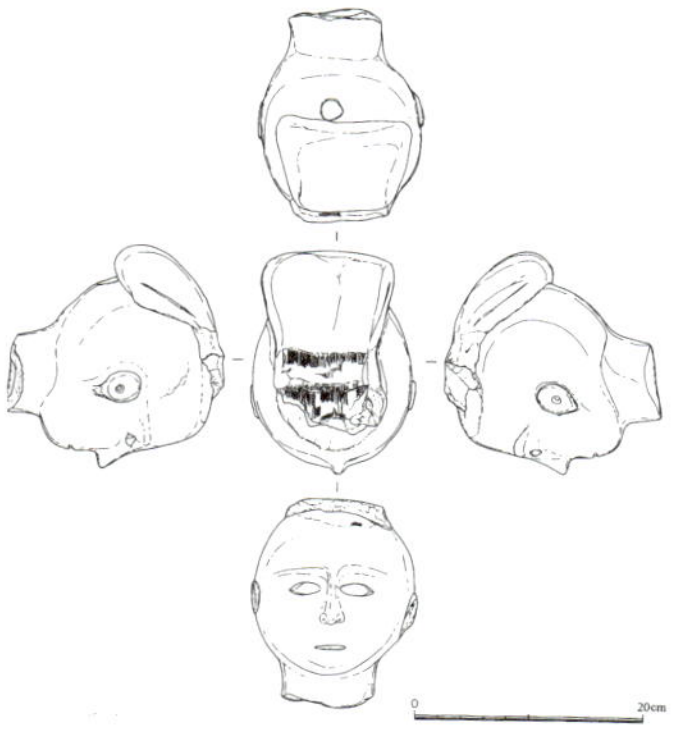

人物埴輪頭部

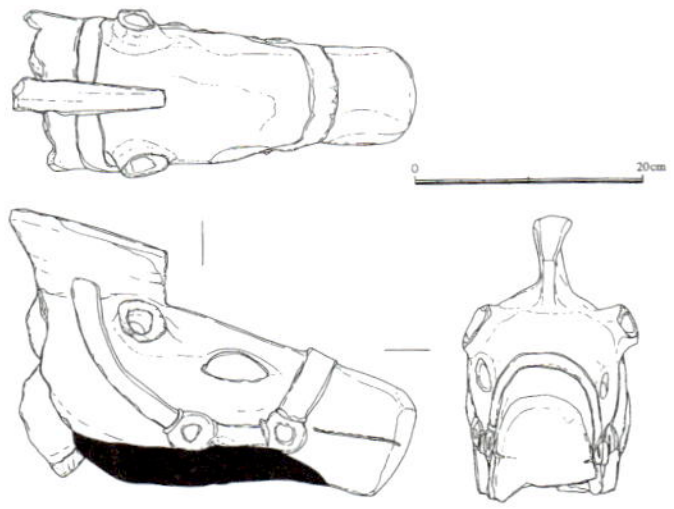

馬形埴輪

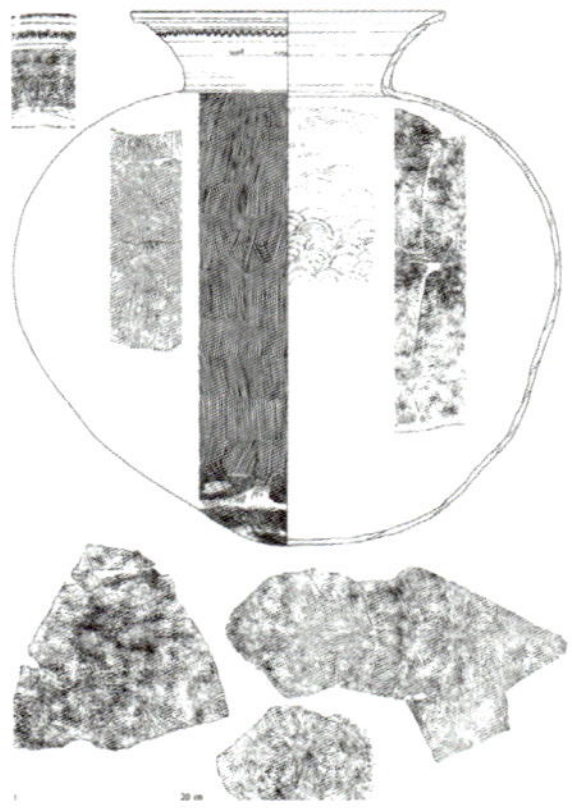

須恵器大甕

中国の史書『宋書』では五世紀に讃《さん》、珍《ちん》、済《せい》、興《こう》、武《ぶ》の五人の倭王が相次いで使者を派遣したことが記されています。いわゆる倭の五王です。五人の王のうち武は大泊瀬幼武《おおはつせわかたけ》（雄略《ゆうりゃく》天皇の諱《いみな》）の最終文字や、宋に朝貢した四七八年は雄略の在位年代と一致することなどから、雄略であることが確実視されています。他の四人を誰に当てるかは諸説ありますが、珍は死亡年は不明ながら四四三年にはすでに退位。済は四六〇年、興は四七七年に死亡したことになっています。退位年代または死亡年代と大山古墳の築造年代が比較的近いのは、『宋書』では珍と済、『日本書紀』では允恭と安康です。以上を候補者として挙げておきましょう。ちなみに珍は仁徳または反正《はんぜい》、済は允恭、興は安康または木梨軽《きなしのかるの》皇子《みこ》に比定する説もありますが、ここでは深入りはしません。

●遊山場だった大山古墳

現在、大山古墳は厳重に管理されており、前方部の拝所からでは墳丘すら垣間見ることはできません。しかし幕末までは誰でも墳丘内に自由に出入りでき、蕨《わらび》採り、柴集め、花見など絶好の遊山場でした。春の初めにはおおいに賑わい、煮売り屋が繁盛したという記録もあります。堺奉行所から「大酒を呑んで喧嘩をするな」「天子の墓であるので、魚肉などの入った弁当は墳丘に持ち込まず中島（内堤か）で開け」といったお触れまで出されています。

尊皇思想が台頭し修陵工事がはじまる頃から、立ち入りが制限されていきます。嘉永六年（一八五三）には酒宴などが厳禁になり、元治元年（一八六四）には拝所が完成します。しかし、昭和初年頃までは、管理や警備も今日ほど厳重ではなかったようです。ある高名な歴史学者が、

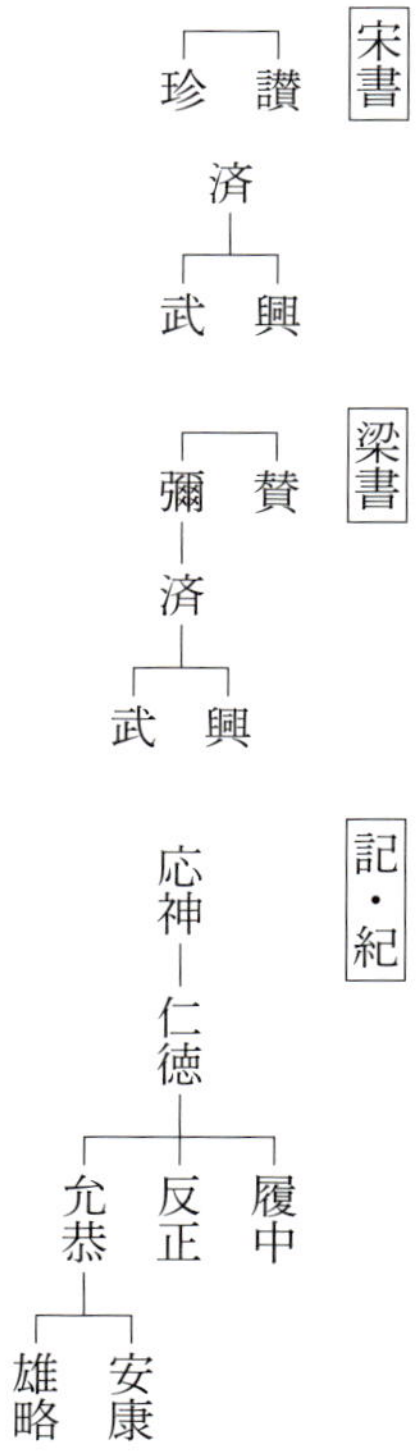

倭の五王の系譜

子供の頃、堀の水が涸れたときに墳丘の中に立ち入ったり、埴輪の破片を砕いて投げ合ったりした思い出を語っています。

●発掘現場を公開

二〇一八年一一月二二日、大山古墳の発掘現場が**陵墓関係学会**と報道機関に公開されました。

第一堤で見つかった敷石と埴輪列

現場は内側の堤で、普段は立ち入ることができない場所です。筆者も学会の一員として見学する機会を得ました。これまで宮内庁は陵墓古墳を天皇家の祖廟として「静謐《せいひつ》と尊厳の保持」を理由に墳丘内への立ち入りを厳しく制限してきました。今回の公開でも、トレンチ周辺での撮影は許可されましたが、墳丘の姿がよく見える南東隅では係官により制止されました。上空では報道陣のヘリが真上から撮影を繰り返していましたが……。

今回の調査は保全整備工事計画策定のための基礎的な情報収集が目的とされています。調査の結果、堤の上面での敷石と外側の埴輪列が確認されましたが、通常存在する内側では見つからず、新たな課題も浮かび上がってきました。大山古墳については社会的な影響も大きく、堺市の協力や学会、報道機関への公開は一歩前進ですが、発掘は遺構を一部破壊する最終調査であり、総合的な観点から綿密な計画のもと学際的な調査が必要と思われます。

陵墓関係学会　陵墓の保存と公開を求める考古学・歴史学関係一六学・協会。

M2

源《げん》右《え》衛門《もん》山《やま》古墳

三国ケ丘駅西口を出て国道三一〇号線を渡るとすぐ目の前が源右衛門山古墳です。古墳の名前は江戸時代の古墳の所有者名に由来します。宮内庁により、陪塚（飛地ち号）に指定されています。墳丘は未調査ですが、直径三四メートル、高さ五・四メートル、二段築成の円墳で、円筒埴輪や葺石も確認されています。一九八九年、隣接する道路の下水道管敷設工事に先立ち発掘調査が行われました。また二〇〇三年度には西側で範囲確認調査が行われています。その結果、墳丘の北と西側で幅五メートルの堀が検出されました。築造時期は大山古墳と同時期の五世紀中頃と推定され、陪塚と見てさしつかえないものと考えられます。墳丘は金網で囲まれていますがよく見通せます。堺市教育委員会の解説板があり、堀は埋没していますが、その位置は舗装用ブロックで明示されています。

古墳データ

所在地：堺市堺区向陵西町
墳丘の形：円墳
墳丘長：直径34ｍ
築造時期：5世紀中頃

M3 大《だい》安《あん》寺《じ》山《やま》古墳

源右衛門山古墳から住宅地をはさんですぐ西に隣接したところにあるのが大安寺山古墳（陪塚「乙号」）です。直径六二メートル、高さは九・七メートルの円墳です。墳丘は大山古墳三重目の堀の中にあり、第二堤につながっています。旧は二重目の堀の外にありましたが、明治年間、三重目の堀が途切れていた部分を新たに造成し一周させた時、堀の中に取り込まれたといわれています。

三重目の堀が大山古墳築造時からあったかどうかは諸説があります。大安寺山古墳の外側で三重目の堀らしい落ち込みが確認されており、築造当初から三重目の堀が存在した可能性を示す痕跡も見つかっています。

名称の由来は、もと大安寺の所有地であったことによります。古くは寺山とも呼ばれていました。

古墳データ

所在地：堺市堺区大仙町
墳丘の形：円墳
墳丘長：直径62ｍ
築造時期：不明

M4 茶山古墳《ちゃやま》

大山古墳の堀に沿って西に二〇〇メートルほど行くと茶山古墳（陪塚「甲号」）があります。直径五六メートル、高さ九・三メートルの円墳で、名称の由来は、江戸時代の地誌『堺鑑』に「豊臣秀吉が大山古墳で狩りをした時に茶屋を構えた所を茶屋山と呼んだことからきている」と記されています。大安寺山古墳と同様に、第二堤から三重堀に張り出す形で築かれています。この古墳も三重目の堀の造成でその中に取り込まれました。

茶山古墳のすぐ西側に堀を渡る道があり、第一堤まで行くことができるようになっています。とはいっても、頑丈な石柵と門扉に阻まれ一般の人は入ることができません。

すぐそばに中央環状線を渡る歩道橋があり、歩道橋の上からは大山古墳の後円部墳頂付近を樹林の間から垣間見ることができます。

古墳データ

所在地：堺市堺区大仙町
墳丘の形：円墳
墳丘長：直径56ｍ
築造時期：不明

M5 永山古墳《ながやま》

墳丘は陪塚（飛地と号）で宮内庁の管轄、堀は堺市指定史跡です。前方部を南に向けた前方後円墳で、墳丘長一〇〇メートル、後円部直径六三メートルです。幅一〇から二〇メートルの盾形の堀をめぐらせ、西側くびれ部に造出しがあります。

その位置や形、規模から見て陪塚とは考えられません。築造時期は五世紀初頭から前半頃と推定されていますが、断定できる資料はありません。

後円部から前方部東側にかけて何箇所か**渡《わたり》土堤《どて》**がありますが、古い図面には載っていません。今は旧の美しい堀に戻り、柵越しに墳丘が見通せますが、かつて後円部から東側は生け垣で囲まれ、西側の堀は前方部にかけて民間の釣り堀がありました。前方部の堀は中央環状線拡張工事の際、一部埋め立てられました。

古墳データ

所在地：堺市堺区東永山園
墳丘の形：前方後円墳
墳丘長：１００ｍ
築造時期：５世紀初頭〜前半

渡土堤　墳丘と外堤を結ぶ堤。

M6 丸《まる》保《ほ》山《やま》古墳

　永山古墳前方部西角から、中央環状線の信号を渡るとすぐ前が丸保山古墳です。墳丘長八七メートル、前方部が南向きの帆立貝形古墳です。後円部は二段築成で高さは九・八メートルありますが、前方部は二・七メートルしかありません。周囲には幅約一〇メートルの堀がめぐっています。後円部に比べ前方部が平坦なのは、以前に民間の幼稚園があったからです。採集された円筒埴輪の年代から、五世紀中頃から後半頃の築造と推定されています。

　ここにホテルの建設計画が持ち上がり、危機感を感じた堺市が史跡指定を国に要請、前方部と堀が一九七二年に指定され、堺市が買い上げました。後円部は陪塚（飛地へ号）として宮内庁の管理です。大山古墳をめぐる遊歩道とのわずかな間にラブホテルが建っています。世界遺産を観に来た人にはどう映るでしょうか。

古墳データ

所在地：堺市堺区北丸保園
墳丘の形：帆立貝形古墳
墳丘長：87ｍ
築造時期：5世紀中頃～後半

M7 菰山塚古墳《こもやまづか》

丸保山古墳前方部の前の道を西に行くと、住宅地の一角に菰山塚古墳があります。大きな松の木と数本の樹木が生えています。墳丘は低いドーム状をなしていますが、二段築成と考えられています。

現状では墳丘長三三メートル、後円部高さ四メートルですが、江戸時代の絵図には周堀が一部残っており、前方部が南向きの帆立貝形古墳の姿が描かれています。それらから推定すると後円部の直径一八メートル、前方部幅二八メートルとなります。菰山塚古墳の円筒埴輪は大山古墳と同時期の五世紀中頃のものです。

陪塚（飛地ほ号）として宮内庁の管轄です。東側と西側には隣接して住宅があり、古墳を一周することができません。宮内庁の管轄としては珍しく背の低い木の柵をめぐらせています。古墳の解説板が新たに設置されました。

古墳データ

所在地：堺市堺区南丸保園
墳丘の形：帆立貝形古墳
墳丘長：33ｍ
築造時期：5世紀中頃

M8 銅亀山《どうがめやま》古墳

御陵通《ごりょうどおり》に出る手前、大山古墳の前方部西角にあります。一辺推定四〇メートル以上、高さ五・四メートル、二段築成の方墳です。築造時期は大山古墳と同じ五世紀中頃と推定されています。陪塚として宮内庁の管轄（飛地に号）です。樹木の枝が払われ、下草も刈られているので墳丘の形がよく観察できます。

方墳とされていますが、帆立貝形古墳の可能性もあります。また、一七三〇年（享保一五）の「舳松《へのまつ》領絵図」では堀をめぐらした円形をしています。ちなみに一九一五年（大正四）に書写された高林家の「百舌鳥耳原三御陵」絵図でも円形に描かれています。

このあたりは桜の木も多く閑静な散歩道が続きます。かつて大阪女子大学のキャンパスがありました。堺市はここに百舌鳥古墳群ガイダンス施設（仮称）を建設する計画です。

古墳データ

所在地：堺市堺区大仙町
墳丘の形：方墳
墳丘長：一辺40m以上
築造時期：5世紀中頃

M9

竜佐山古墳《たつさやま》

大山古墳の前方部に沿って御陵通を東に進むと竜佐山古墳です。墳丘長六一メートル、後円部直径四三メートル、前方部を西に向けた帆立貝形古墳です。御陵通の拡張工事の際、堀が確認されたため歩道の部分を高架橋にしています。

大仙公園の整備の一環として前方部と堀の整備工事が行われ、埋没していた堀が盾形に復元されましたが、本来の形とは違うようです。前方部北西隅に渡土堤があった可能性があります。

古墳の築造時期は、整備工事に伴う調査の際に出土した円筒埴輪の型式から、大山古墳より後の築造で五世紀末頃と推定されています。

他に葺石や衣蓋形埴輪が見つかっています。竜佐山古墳の墳丘の大部分は陪塚（飛地ろ号）として宮内庁の管轄です。墳丘裾部から堀は堺市指定史跡です。

古墳データ

所在地：堺市堺区大仙中町
墳丘の形：帆立貝形古墳
墳丘長：61m
築造時期：5世紀末

M10 孫《まご》太《だ》夫《ゆう》山《やま》古墳

大山古墳の拝所の正面にあるのが孫太夫山古墳です。前方部を西に向けた帆立貝形古墳です。墳頂から土製勾玉が採集されたとの記録があります。後円部からくびれ部にかけて柵で囲まれた部分は陪塚（飛地い号）として宮内庁の管轄、前方部と堀は堺市指定史跡です。

現在、堀の外側は本来の位置より若干広めに復元されていることが、二〇一二年の堺市の調査で明らかになりました。堀は中世から近世にかけて何度も底ざらえされ、その土を墳丘に積み上げているようです。そのため本来の墳丘裾が削平《さくへい》されています。墳丘長六五メートル、後円部直径四六メートル、前方部幅二六メートルに推定復元できるようです。出土した埴輪から、築造時期は五世紀中頃と考えられます。

この古墳は、明治初年に中筋村庄屋の南孫太夫氏から国に寄贈されたものです。

古墳データ

所在地：堺市堺区百舌鳥夕雲町
墳丘の形：帆立貝形古墳
墳丘長：65m
築造時期：5世紀中頃

M11
収塚古墳《おさめづか》

　大山古墳の拝所から東、百舌鳥駅のほうへ向かって歩くと、収塚古墳があります。現状は円墳のようですが、前方部を西に向けた帆立貝形古墳です。発掘調査で墳丘長が五九メートルになることがわかりました。後円部は二段築成で直径四二メートル。墳丘のまわりを盾形の堀がめぐっています。かつて墳頂部に短甲片などが散乱していたことが伝えられています。堀内などから須恵器の器台や円筒埴輪、朝顔形埴輪のほか衣蓋形など形象埴輪が出土しています。古墳の築造時期は出土した須恵器や埴輪から五世紀中頃と推定されています。

　削平された前方部と堀は茶色と緑のブロックで表示されています。後円部は柵が設けられていますが、間近に観察することができます。傍らに地元産品や古墳グッズを並べた土産物店「もず庵」があります。

古墳データ
所在地：堺市堺区百舌鳥夕雲町
墳丘の形：帆立貝形古墳
墳丘長：59ｍ
築造時期：5世紀中頃

M12 長塚《ながつか》古墳

百舌鳥駅前の踏切のすぐ西側にあります。前方部を西に向けた前方後円墳で、墳丘長一〇六・四メートル、後円部直径五九・四メートル、墳丘は二段（または三段）築成で、南側くびれ部に造出しを持ちます。幅一一メートル前後の堀をめぐらすことがわかっていますが、現在では住宅地の下です。

　埋葬施設は不明ですが、円筒埴輪、朝顔形埴輪のほか、衣蓋形、盾形の各種形象埴輪や葺石が見られ、埴輪の形式から五世紀中頃の築造と推定されます。

　国史跡ですが、柵で囲われ許可なしに入ることができません。住宅が密集しているため、全景を見渡せるのは南側の大仙公園内からしかありません。史跡長山《ながやま》古墳と刻まれた石柱がありますが、これは旧の法律により史跡に仮指定された時の名称です。

古墳データ

所在地：堺市堺区百舌鳥夕雲町
墳丘の形：前方後円墳
墳丘長：106・4m
築造時期：5世紀中頃

M13

塚廻《つかまわり》古墳

百舌鳥駅の北六〇〇メートル、阪和線の線路沿いにあります。古墳の南側に隣接して天理教岸ノ里分教会があり、北側は民間の駐車場です。一見すると天理教会の庭園の築山のよう。阪和線側は墳丘裾まで民家が建て込んでおり、入るすき間はありません。

一九一二年に発掘調査が行われ、粘土槨の中に納められた木棺の上から鏡や多数の玉類が出土しました。古墳の形は二段築成の円墳で、直径三二メートル、高さ五メートル、まわりを幅一〇メートルの堀がめぐります。墳丘の裾まわりには、埴輪列が立てられていました。五世紀中頃に築造されたものと考えられています。

堀の一部は道路上に舗装用ブロックで明示されています。宮内庁は陪塚としていませんが、大山古墳の陪塚と考えられるとして墳丘の中心部分が国史跡に指定されています。

古墳データ

所在地：堺市堺区百舌鳥夕雲町
墳丘の形：円墳
墳丘長：直径32 m
築造時期：5世紀中頃

2. ニサンザイ古墳から石津ケ丘古墳へ

さて、今度は中百舌鳥駅から上野芝駅まで歩いてみましょう。中百舌鳥駅へは、難波から地下鉄御堂筋線か南海高野線が便利です。関西空港から来られる方はＪＲに乗り、三国ケ丘駅で南海高野線に乗り換えが必要です。

阪和線を挟んで東側の大型古墳は、すべて前方部が西側を向いて築造されていますが、阪和線の西側の大型古墳は南を向いています。

大山古墳をめぐるコースよりも距離が長くなり、多少時間がかかりますが、巨大古墳の全貌を臨むことができ、見応えのあるコースです。近年、石津ケ丘古墳の後円部に眺望施設が設置されました。歩道の一部には、冑や勾玉、銅鏡などを模した柱が立てられているところもあります。また、カ

陵墓古墳　陵墓には中・近世のものも含まれており、特に古墳に限定して使用。宮内庁用語では「古代高塚式陵墓」と呼んでいる。

ラー舗装されている道路もあるので、迷わずに歩けます。

コース内には、我が国初の文化財保存の市民運動により守られた、いたすけ古墳があり、運動のきっかけとなった開発用の橋の残骸とともに残されています。

また、ニサンザイ古墳の堀の埋め立て事件は、**陵墓古墳**の保存と公開運動のきっかけとなった出来事でした。一九七六年からはじめられた歴史関係十学・協会（現一六学・協会）による運動も四〇年を超えました。

そのほか世界遺産に登録されていませんが、定《じょう》の山《やま》古墳は百舌鳥古墳群のなかでも墳丘に登れる数少ない古墳のひとつです。

古墳以外にも百舌鳥《もず》八幡宮や花と緑の交流館、堺市都市緑化センターなどもあり、一休みするのには最適な場所がいくつもあります。いたすけ古墳では人気者のタヌキに出会えるかもしれません。

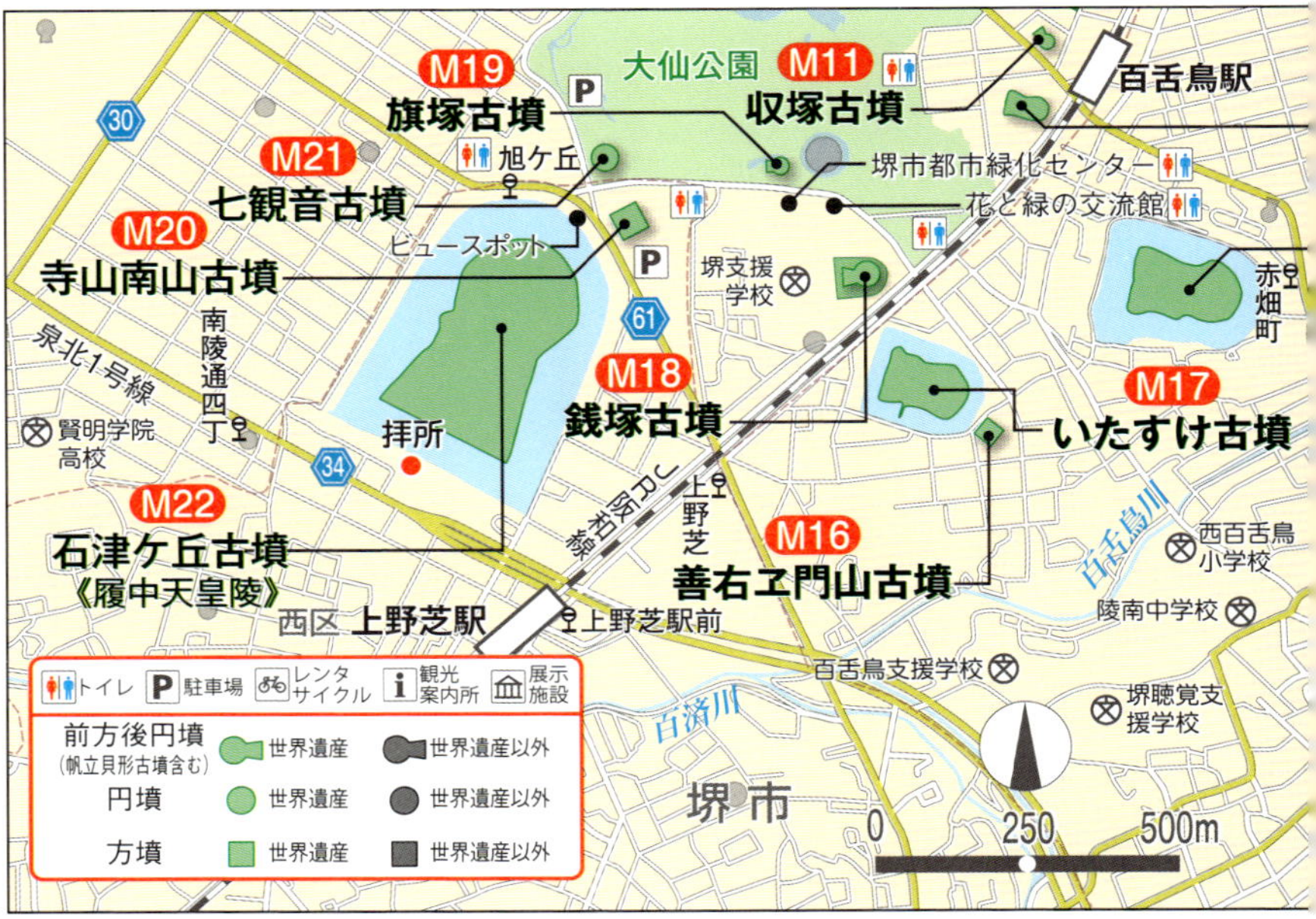

M14

ニサンザイ古墳

最も美しい前方後円墳

墳丘長三〇〇メートル、後円部直径一七〇メートル、両側のくびれ部には造出しがあります。我が国で最も均整のとれた姿で、大王権力が最高位に達した頃につくられた前方後円墳です。満々と水を貯えた堀がめぐっており、堤上から見る墳丘は壮観です。堀をめぐらした巨大古墳のうち、堤上から全景が見通せる古墳は数えるほどですが、なかでもニサンザイ古墳の量感とプロポーションは最高に美しい。

墳丘は東百舌鳥陵墓参考地として宮内庁が管理しています。現在の堤は用水確保のため近世に二メートルほど盛土《もりど》がされ、墳丘の裾が水没しているものと思われます。堀や堤の部分での調査から、二重堀の形や葺石が確認されています。最近、堺市博物館の白神典之さんが、明治時代の文書から後円部に石棺があったことを突

古墳データ

別称：土師ニサンザイ古墳、東百舌鳥陵墓参考地
所在地：堺市北区百舌鳥西之町
墳丘の形：前方後円墳
墳丘長：３００m
築造時期：5世紀後半

テラス　段築のある古墳で、墳頭部を除く墳丘上の平坦な部分。

き止めました。円筒埴輪のほか鶏形、馬形、水鳥形、衣蓋形などの形象埴輪、鳥形、鋤《すき》、衣蓋立ち飾りなどの木製品、須恵器の坏《つき》などが出土しています。古墳の形や出土した埴輪などから、百舌鳥古墳群中の巨大古墳の中では最も新しく、築造されたのは五世紀後半と考えられています。

●宮内庁と堺市が同時調査

二〇一二年、宮内庁は、墳丘裾の護岸整備工事に先立って調査を行いました。同時に堺市は宮内庁の調査区の延長線上の堀の中などを調査しました。この発掘現場は陵墓関係学会をはじめ一般にも公開されました。

第一段**テラス**と造出しに沿って直径三〇～三五センチほどの円筒埴輪列が検出されました。埴輪列は、墳丘の盛土工事と同時に行っていたこともわかりました。葺石や埴輪は全体的に少ないようです。

造出し部からは須恵器の大甕が据えられた状態で出土しました。大山古墳でも造出し部から大甕が採集されていますが、大王墓の造出し部

須恵器の甕口縁部

土師器壺

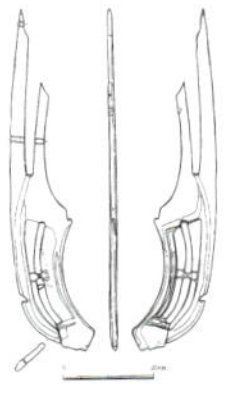

衣蓋立ち飾り

で須恵器の大甕を使った祭祀が執り行われていたことがうかがえます。

現在見られる墳丘裾は水の浸食による崩落が激しく、宮内庁が明治時代に買い上げた時の明示の杭が現在の墳丘裾よりも数メートル外側に打たれていました。買い上げた当時はこの明示杭の部分まで墳丘があったものと思われます。宮内庁は波浪による墳丘の侵食と埴輪列の保護のため、「補強土壁工」という工法で護岸工事を行いました。護岸工事は宮内庁の敷地内に限られるため、本来の第一段斜面の傾斜角とは著しく異なっており、ほぼ垂直に近い状態です。

今回の調査で明らかなように、従来の墳丘裾はさらに堀内に広がりますが、このような工事をしてしまうと、見かけ上ひとまわり小さい墳丘が固定化することになります。宮内庁と堺市の協定書では、成果も共有して検討を進めるとありますが、調査成果に基づき正しい位置に護岸を設置するため、工事も共同で行い、それぞれの敷地に応じて費用も案分するなどの方法がとれなかったものでしょうか。

●堀内に架けられた木橋

後円部の斜面から堤にかけて、最大七列に等間隔で並ぶ柱穴が見つかりました。柱はほとんど残っておらず、抜き取られたようです。この柱穴は古墳築造時か、完成直後に架けられ、短期間で撤去された木橋の跡と見られ、長さ約五五メートル、幅約一二メートルと復元されました。古墳完成時の儀式用施設（初葬または追葬）か、工事用の橋ではないかといった意見も出されています。現在までに古墳の堀から柱穴が見つかった例はありません。もっとも、水をたたえた堀内を発掘した例はほとんどなく、調査すれば他の古墳でも見つかる可能性があります。柱穴が見つかった位置は、古墳の中軸線に沿っ

補強土壁工による護岸工事

ており、仮に儀式用の橋とすれば、祭祀が行われたのは後円部であり、こちらが正面であった可能性もあります。後円部に近世まで参道があった御廟山古墳や誉田山古墳などの例もあり、今後の調査に期待したいと思います。

●埋め立てられた堀

後円部の内堀は盾形のきれいなカーブを描いているように見えます。しかし、これは近年、堤を不法に拡張したもので本来の姿ではありません。一九七五年一一月頃、ニサンザイ古墳の内堀を広範囲に埋める工事が、堺市の事業として無届けで進められました。理由は、堀の水によって浸食された部分を旧にし、そこに遊歩道をつくるということでした。

市民団体や学会から、現状復帰など緊急保存の要望書が提出され、行政と地元町会の間で工事を中止し現状復帰が確認されましたが、翌一九七六年四月、工事が再開されていることが発覚しました。遊歩道とは名ばかりで、事の真相は後円部前面の外堤上にある墓地を拡張し、分譲することにありました。

この事件の背景には墳丘だけが宮内庁で、その外側は堺市と民有地という管理のあり方が大きな理由の一つでした。この問題をきっかけに、考古学・歴史関係学会が連合して陵墓古墳の文化財としての保存と、学術資料としての公開を求める運動がはじまります。

前方部の埴輪列

M15 御廟山《ごびょうやま》古墳

●後円部が正面？

ニサンザイ古墳の前方部角から北西へ約七〇〇メートルのところに御廟山古墳があります。百舌鳥八幡南交差点から百舌鳥八幡宮へ向かって歩くとわかりやすいでしょう。

墳丘全長二〇三メートル、後円部直径一一三メートル、百舌鳥古墳群では四番目に大きい前方後円墳です。墳丘は三段築成で、南側のくびれ部には造出しがあり、周囲に幅三〇〜五〇メートルの堀がめぐらされています。最近の調査で、二重堀だったことが明らかになりました。

墳丘部分は、仁徳天皇の后妃の墓、あるいは応神天皇の初葬地の可能性があるとして、陵墓参考地に指定され、宮内庁の管轄です。「応神天皇陵」に指定されている羽曳野市の誉田山古墳の後円部の南側には応神天皇を祭神とする誉《こん》田《だ》八幡宮があり、御廟山古墳後円部の約一五〇

古墳データ

別称：百舌鳥陵墓参考地
所在地：堺市北区百舌鳥本町
墳丘の形：前方後円墳
墳丘長：203m
築造時期：5世紀前半

メートル東にも応神天皇を祭神とする百舌鳥八幡宮があります。江戸時代には御廟山古墳の墳丘が百舌鳥八幡宮の奥の院とされており、現在も後円部に「延享四年（一七四七）」の年号を持つ石灯籠の一部が残されています。

応神天皇の伝承はさておき、興味深いのは両墳とも後円部に神社があり、後円部のほうから参拝するようになっていることです。御廟山古墳も後円部に奥の院があります。また大山古墳も後円部から出入りしていた記録もあります。

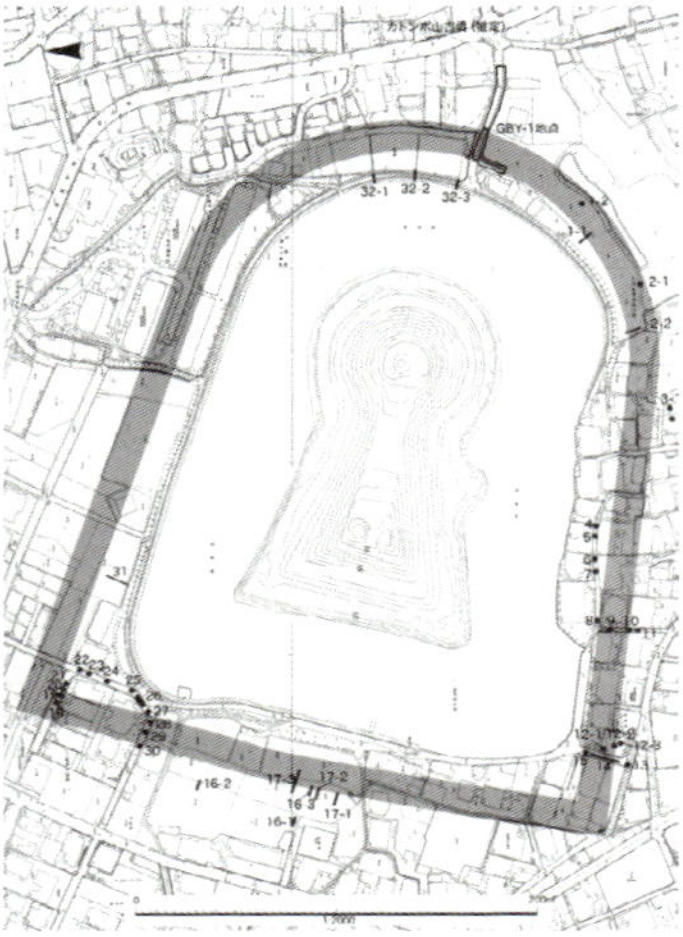

御廟山古墳平面図

ニサンザイ古墳にも後円部に葬送儀礼用かもしれない木橋が架けられていました。「前方後円墳」の名称は蒲生君平《がもうくんぺい》によって「宮車」に見立ててつけられ、今日でも一般に広く使われていますが、どちらが前か後ろかという前後関係はいまだに決着を見ていません。少なくとも幕末までは後円部のほうが正面と思われていた古墳もあったようです。

前方部から北側側面および後円部にかけては堤上をめぐることができますが、南側は堀の内と思われる部分まで民家が建て込んでおり、堤を一周することはできません。

●画期的な一般公開

二〇〇八年、宮内庁と堺市は同時調査を行い、一一月二八日、陵墓関係学会に調査現場を公開しました。前後して地元自治会と一般市民にも公開されました。

この調査の結果、墳丘裾が切り立った崖上になっているのは、水の浸食作用によるものではなく、墳丘裾の一部を削って、その土を第一段

埴輪列検出状況

見学用通路を行く16学・協会代表

テラスに積み上げたためであることが明らかになりました。これは江戸時代に堀幅を拡大し、貯水量の増加を図ったものです。したがって、本来の墳丘規模は従来の想定よりも大きいことがわかりました。次に、第一段テラスを全周して埴輪列が確認されました。埴輪の種類には円筒埴輪、朝顔形埴輪のほか、衣蓋形、家形、盾形、冑形、囲形《かこい》などの形象埴輪があります。

埴輪は、いずれも窯で焼かれており、直径四〇センチ程度の大型品が主体です。埴輪には野焼きされたものと埴輪窯で焼かれたものがありますが、野焼きされた埴輪には黒斑があり、窯で焼いたものより古いとされています。製作技法から大山古墳の円筒埴輪よりやや古い五世紀の第二四半期頃のものと考えられています。

　御廟山古墳の囲形埴輪の内側には、切妻づくりで屋根に千木《ちぎ》と鰹木《かつおぎ》が表現された家形埴輪が配置されていました。囲形埴輪と家形埴輪のセットは水の祭祀との関係があるのではないかと言われています。奈良県御所《ごせ》市の秋津遺跡で、囲形埴輪によく似た形を持つ建物と塀の跡が確認され注目されています。一九七六年からはじまった陵墓公開運動ですが、一般にも墳丘の間際まで公開されたことは画期的なことで、運動のひとつの成果でした。

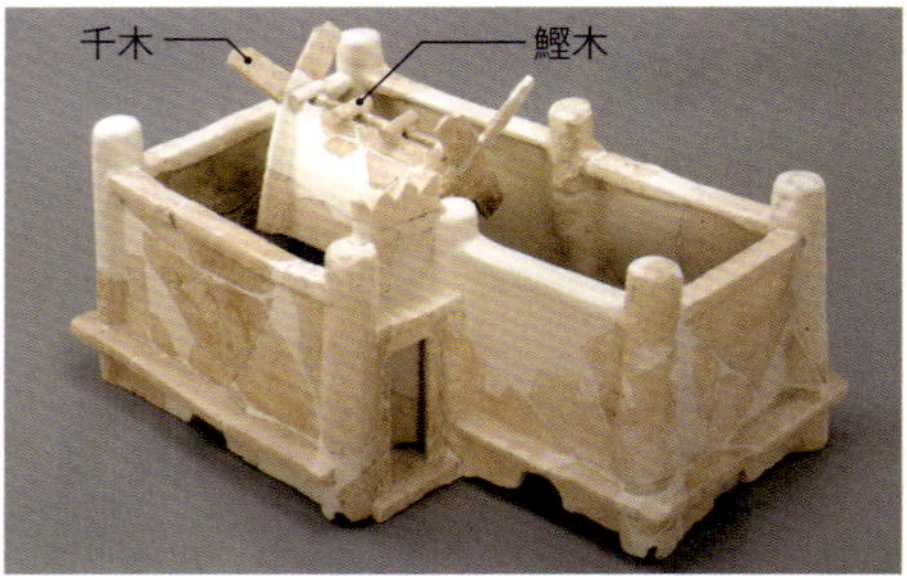

囲形埴輪

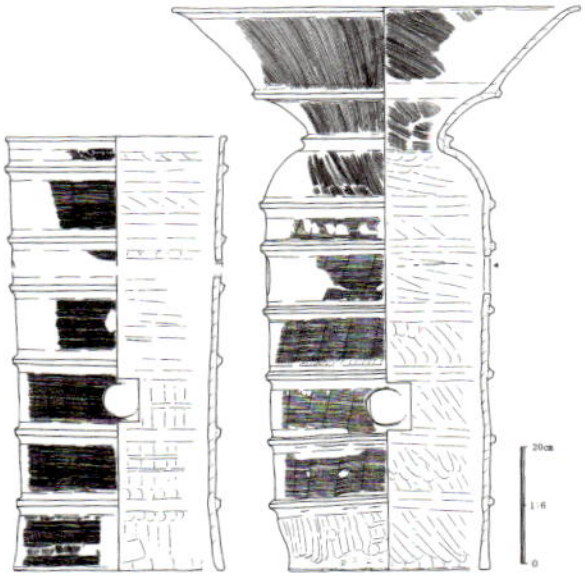
円筒埴輪（左）と朝顔形埴輪（右）

M16

善《ぜん》右ヱ《え》門《もん》山《やま》古墳

御廟山古墳の前方部南角から西約二〇〇メートル、いたすけ古墳後円部の堤に接して築かれており、陪塚と考えられます。御廟山古墳からの道はカラー舗装されています。

現在は特別養護老人ホーム「グリーンハウス」の敷地内となっています。市道などにより墳丘はかなり破壊されており、当初の姿はとどめていませんが、最近の調査で一辺二八メートルの方墳であることがわかりました。現在の高さは二メートルですが、墳頂部は大きく窪んでおり、過去に盗掘された時の坑と考えられます。墳丘は二段築成で、葺石と円筒埴輪があり、円筒埴輪の中に須恵器の**坏蓋**《つきふた》が納められていました。墳丘をめぐる堀や区画溝などはなかった可能性が高いようです。円筒埴輪や須恵器の年代から、いたすけ古墳と同じ五世紀前半頃に築造されたと推定されています。

古墳データ

所在地：堺市北区百舌鳥本町
墳丘の形：方墳
墳丘長：一辺28 m
築造時期：5世紀前半

坏蓋　浅い碗形容器の蓋の部分。碗の部分は考古学用語で「身」と呼ばれる。

M17 いたすけ古墳

文化財保護のシンボル

東から西にゆるやかに傾斜する台地上に築かれています。墳丘の長さは一四六メートル、後円部の直径九〇メートル、百舌鳥古墳群では八番目に大きい前方後円墳です。墳丘は三段に築かれており、南側くびれ部のところに造出しがあります。埋葬施設は不明ですが、葺石と埴輪が確認されています。また、後円部から三角板《さんかくいた》革綴《かわとじ》**衝角付冑**《しょうかくつきかぶと》を模した埴輪が発見されています。しかし、この埴輪は盗掘により掘り出されたもので、正確な出土状況や位置を知っている人はほとんどいません。この埴輪（複製）は堺市博物館に展示されています。堺市の文化財保護のシンボルマークはこの埴輪をモチーフにしたものです。戦後破壊された大塚山《おおつかやま》古墳や七観《しちかん》古墳から、この埴輪に似た衝角付冑が出土しているので、いたすけ古墳の年代を決める参考に

古墳データ

所在地：堺市北区百舌鳥本町
墳丘の形：前方後円墳
墳丘長：146m
築造時期：5世紀前半

衝角付冑　冑の前額部に当たる正面を鋭く尖らせ、相手の正面からの攻撃をそらし、頂辺と中央の裾まわりに鉄板をめぐらしその間に小鉄板を入れて鉄鋲または革でとめるもので、金銅製の華麗なものもある。

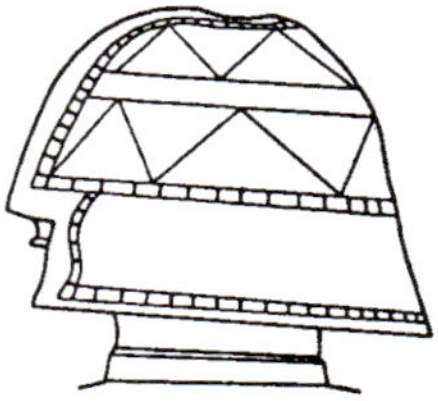

堺市のシンボルマーク

なります。

周囲には盾形をした堀がめぐっています。古い地図を見ると後円部東側の一部に**周庭帯**《しゅうていたい》を表すような畦があり、陪塚の吾呂茂塚《ごろもづか》古墳の**墳丘基底線**に一致しています。これが周庭帯かどうかは確証がありません。吾呂茂塚古墳は後円部の北東にあった方墳ですが、未調査のまま破壊されました。いたすけ古墳の築造年代は、発掘調査されていないので詳しくはわかりませんが、墳丘や堀の形、出土した埴輪の型式などから五世紀前半頃と考えられています。

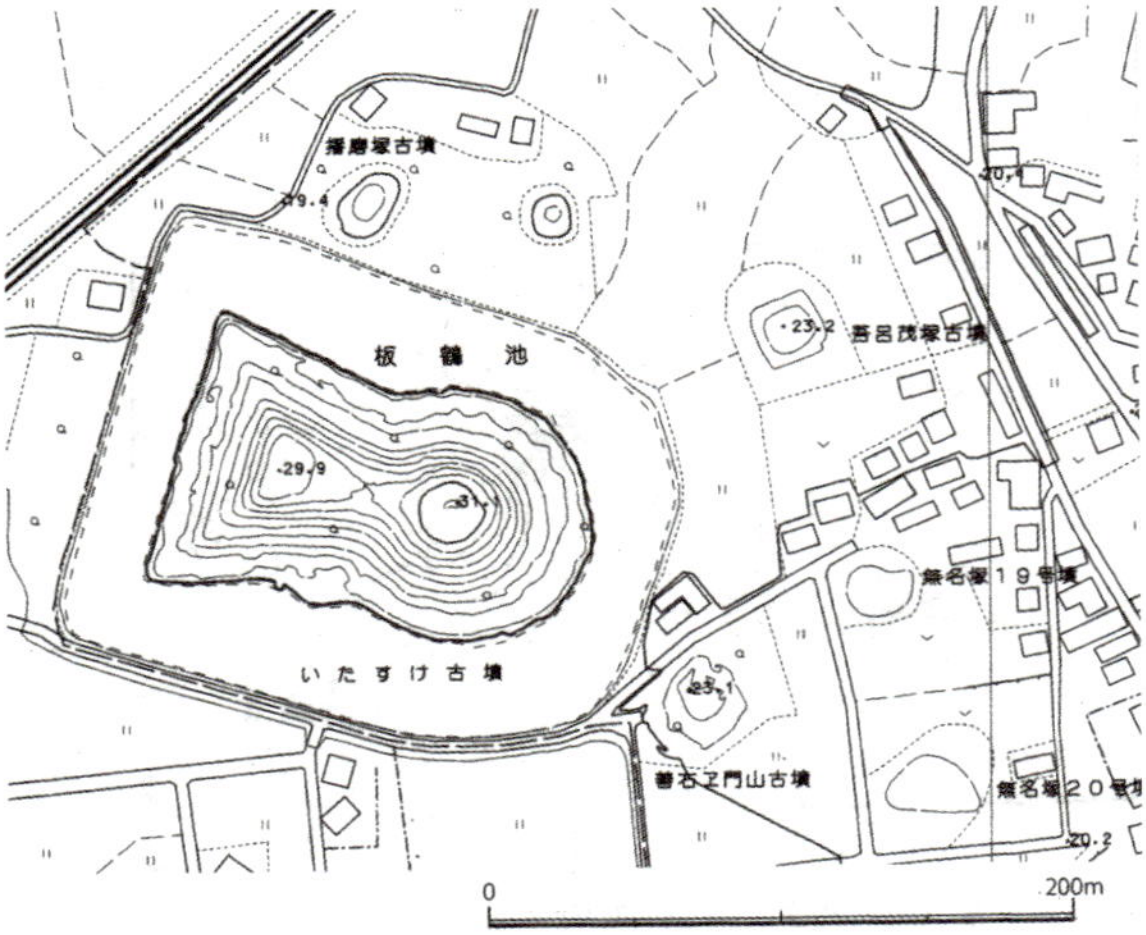

いたすけ古墳を取り巻く古墳

●破壊から救った市民運動

いたすけ古墳は、戦後の宅地開発で風前の灯火であったものが、市民運動により、からくも守られました。第二次大戦後、戦災復興による開発で次々と古墳が破壊されていきました。墳丘の土は住宅の壁土に、削平して平らになった土地は住宅地にと、一石二鳥でもうかる古墳は格好の標的でした。石津ケ丘古墳の陪塚である七観古墳、御廟山《ごびょうやま》古墳後円部付近にあったカトンボ山古墳などが相次いで破壊されていきました。一九四九年には墳丘長一六八メートルもある前方後円墳の大塚山古墳までが宅地開発のために破壊されました。

いたすけ古墳に土砂運搬用の架橋工事が行わ

周庭帯　堀のさらに外側にめぐらされた低い平坦地を指し、末永雅雄氏が航空写真を検討し、命名した古墳の付属施設。

墳丘基底線　墳丘のベースになるライン。

れたのは一九五五年九月末です。一一月中旬には、第一期工事完了とともに住宅用地として造成することになっていました。それを目撃し、破壊の危機を察知した大阪在住の若い考古学研究者らが保存運動に立ち上がりました。そこには「いたすけが守れないなら百舌鳥古墳群で残る前方後円墳は、宮内庁の管理する『陵墓』か『参考地』だけ」という危機感がみなぎっていました。彼らの訴えが功を奏して、同年一〇月下旬から新聞各社がいたすけ古墳の危機をいっせいに報道し、日本考古学協会をはじめ歴史関係学会などから保存要請決議が相次いであげられました。運動はさらに教職員の労働組合、教育委員会や市議会、ＰＴＡ、婦人団体をはじめとした各種団体、小・中・高校の生徒会など、全市民的な運動に発展し、各方面から資金カンパも寄せられるようになりました。一九五六年三月二七日、文化財保護委員会がいたすけ古墳の史跡指定を決定します。同年一一月、堺市より史跡公園化の計画が出され、いたすけ古墳の問題は一応の決着をみるに至りました。

●文化財保存運動の「原爆ドーム」

南側くびれ部付近には今も当時を偲ばす崩れかけた橋の残骸があります。墳丘にはタヌキが生息し、人が近づくと時々橋の上に現れます。この橋の残骸は、世界遺産にも登録され、素晴らしい文化財として誰一人疑うこともない、いたすけ古墳をいとも簡単に破壊しようとした愚かしい行為のあったことを示す証です。それだけでなく、保存のために立ち上がった市民や研

売られたイタスケ古墳
くずされて住宅敷地化のおそれ
史跡指定叫ぶ学界
買い戻しに募金運動も

1955年11月11日　東京毎日新聞夕刊

勢揃いしたタヌキの一家

究者と、その要望に応え積極的に対処した行政の姿勢を物語る、文化財保存運動の歴史と精神の原点であり記念碑です。当時保存運動に奔走した宮川徏《すすむ》氏は、この橋を文化財保存運動の「原爆ドーム」であると語っています。

墳丘は、終戦直後には竹が繁茂し、樹木は後円部や墳丘のところどころに生えていたようです。史跡指定とともに、竹の根は墳丘を傷めるということで伐採され、その後墳丘整備の具体的な施策もないまま丸裸で放置されていました。現在、再び竹が繁茂しはじめ、墳丘の水際は雑木が茂ってきています。堀は金網で囲われ、前方部と後円部の一部で民家が建て込んでおり、堤を一周することはできません。古墳の北側はいたすけ公園となっており、堤上に桜が植えられ、遊具などが置かれており、石碑と解説板が立てられています。橋の残骸が良く見通せる前方部南西角に新しい解説板も設置されました。世界遺産登録を機に整備して誰もが墳丘内に立ち入れるようにしてほしいものです。

M18

銭塚古墳《ぜにづか》

いたすけ古墳から阪和線をはさんで真向かいにあるのが大阪府立堺支援学校です。銭塚古墳は学校の敷地内にあります。

前方部を西に向けた帆立貝形古墳で、墳丘長は七二メートル、後円部直径五四メートル、発掘調査により堀がめぐっていたことが確認されています。支援学校の建設のため前方部は破壊され、現在残るのは後円部のみです。残された墳丘もかなり削平され、現在の高さは二・五メートルしかありません。築造時期は、出土した埴輪の型式から五世紀後半頃と推定されています。

前方部の形が白いラインで表示されていますが、道路からは見えません。花と緑の交流館の二階テラスに上がると見ることができます。国指定史跡ですので、何らかの形で一般公開されることを望みます。

古墳データ

所在地：堺市東区東上野芝町
墳丘の形：帆立貝形古墳
墳丘長：72ｍ
築造時期：5世紀後半

M19 旗塚古墳《はたづか》

　堺市都市緑化センターから道路を挟んだ北側にあります。前方部が西向きの帆立貝形古墳で、盾形の堀をめぐらせています。推定墳丘長は約五七・九メートル、後円部直径約四一・五メートル。後円部の南側に造出しを持ち、築造時期は五世紀中頃と推定されています。

　円筒埴輪のほか、朝顔形、衣蓋形、**石見《いわみ》型埴輪**が採集されています。石見型埴輪は、近年の研究では、盾ではなく権威を象徴する杖「玉《ぎょく》杖《じょう》」の形との関連性が考えられるようになりました。同様な形をした木製品もあります。

　石見型埴輪は古墳時代中期から後期にかけて西日本を中心に各地で出土していますが、主に中小規模の古墳に立てられています。旗塚古墳のものは石見型埴輪の中でも古い形をしています。百舌鳥古墳群では旗塚古墳のほか、鎮守山《ちんじゅやま》塚《づか》古墳でも石見型埴輪が出土しています。

古墳データ

所在地：堺市堺区百舌鳥夕雲町
墳丘の形：帆立貝形古墳
墳丘長：57・9m
築造時期：5世紀中頃

石見型埴輪　盾形をした埴輪の一種で、奈良県三宅町の石見遺跡で出土したことから「石見型埴輪」と呼ばれている。

M20

寺山南山古墳《てらやまみなみやま》

寺山南山古墳（手前の縁石は石津ケ丘古墳外堀の端）

　旗塚古墳から、さらに西側に二〇〇メートルばかり行くと、交差点の手前北側の公園内に七《しち》観音《かんのん》古墳、南側に寺山南山古墳があります。寺山南山古墳は「七貫塚」「七観音」等と記載された絵図や文献があります。近接して**七観《しちかん》古墳**もあり、呼称が混乱していました。また赤山古墳とも呼ばれていましたが、百舌鳥古墳群の中には赤山古墳と呼ばれる別の古墳があります。また、いたすけ古墳の陪塚の善右ヱ門山古墳も赤山古墳と呼ばれていました。

　寺山南山古墳は、長辺東側四四・七メートル、西側四四メートル、短辺は三九・二メートルと、ややいびつな長方形をしており、東側に造出しがあります。二段築成で周囲に幅一〇メートルの堀をめぐらせていますが、現在は埋没しています。南側の堀は、石津ケ丘古墳の二重目の堀と共有しており、両墳は計画的に築造されたこ

古墳データ

所在地：堺市西区上野芝町
墳丘の形：方墳
墳丘長：一辺39・2〜44・7m
築造時期：5世紀初頭

七観古墳　七観山古墳とも呼ばれている。

とがわかります。墳丘から円筒埴輪列と最も古い時代の須恵器が出土しており、築造された時期は石津ケ丘古墳と同時期の五世紀の初め頃と推定されています。こうしたことから、寺山南山古墳は石津ケ丘古墳の陪塚と考えられます。百舌鳥古墳群では数少ない方墳の陪塚です。

最近の調査で第一段テラスで囲形埴輪と家形埴輪が出土しました。家形埴輪は囲形埴輪の中に配置された状態で見つかり、囲形埴輪の入り口部分も確認されています。

かつて墳丘上に住宅が建築され、高さ四メートル以上あった墳丘の上部が大きく削平されました。この住宅は大仙公園拡張計画で取り壊されましたが、その際に重機で墳丘がさらに平坦にならされ、現況は高さ二メートルほどしか残っていません。堺市は調査成果にもとづいて墳丘などの形がわかるように整備を進める方針とのことです。古墳の南側の公園内には、石津ケ丘古墳の外堀の端が縁石で表示されています。

造出し部分の発掘調査現場

M21 七観音古墳《しちかんのん》

寺山南山古墳から道路をはさんだ北側にある円墳です。公園整備により正円形に形が整えられ、裾は石垣をめぐらせ、墳丘全面にサツキが植えられています。さながら巨大な植木鉢です。隣にも同じような円形の築山があり、七観音古墳と刻まれた石柱と解説板がなければ公園の花壇としか見えません。

一九八三年に公園整備に伴う測量と発掘調査が行われ、直径三二・五メートル、高さは三・八メートルとされていますが、堀の痕跡は未確認で、なかった可能性もあります。円筒埴輪や衣蓋形埴輪が出土しており、築造時期は五世紀前半と推定され、石津ケ丘古墳の陪塚のひとつである可能性が高いと考えられます。

かつて付近から碧玉製の**琴柱《ことじ》形石製品**が採集されていますが、この古墳から出土したものかどうかはわかりません。

古墳データ

所在地：堺市堺区旭ケ丘北町
墳丘の形：円墳
墳丘長：直径32・5ｍ
築造時期：5世紀前半

琴柱形石製品　「ことじ」とは琴の胴の上に立てて弦を支えるもので、この形に似ているので琴柱形石製品と呼ばれている。身体の垂飾品として用いられる。

M22

石津ケ丘古墳《いしづがおか》《履中《りちゅう》天皇陵》

全国第三位の巨大古墳

我が国で三番目に大きい前方後円墳です。「上石津《かみいしづ》ミサンザイ古墳」「百舌鳥《もず》陵山《みささぎやま》古墳」とも呼ばれますが、ここでは石津ケ丘古墳の名称を使用します。履中天皇陵に指定され、内堤までが宮内庁の管理ですが、他の天皇陵と同様に、履中天皇の墓であるかどうかの確証はありません。

墳丘長は三六五メートル、後円部直径二〇五メートル、墳丘は三段築成で、西側くびれ部に造出しがあります。また、東側くびれ部にも現在は水没していますが、造出しがあります。平面図をよく見ると前方部の上段に円丘が築かれています。前方後円墳の場合、通常は後円部に埋葬施設がつくられますが、前方部にも埋葬施設があった可能性があります。一九八六年にこの前方部の円丘で盗掘が行われ、その際に出土、採集した各種埴輪（円筒、朝顔形、家形、衣蓋形、靫形、甲冑形）が宮内庁により公表されています。後円部の頂にも盗掘坑と見られる落ち込みがありましたが、一八九八年（明治三一）に埋め戻されています。

前方部の円丘から採集された埴輪は、中期初頭の岡山県岡山市の金蔵山《かなくらやま》古墳や奈良県御所《ごせ》市の室宮山《むろみややま》古墳に類例があり、それらの埴輪などから、石津ケ丘古墳の築造時期は五世紀の初め頃と推定されています。仁徳天皇陵とされている大山古墳より、その子、履中天皇陵のほうが約半世紀早く

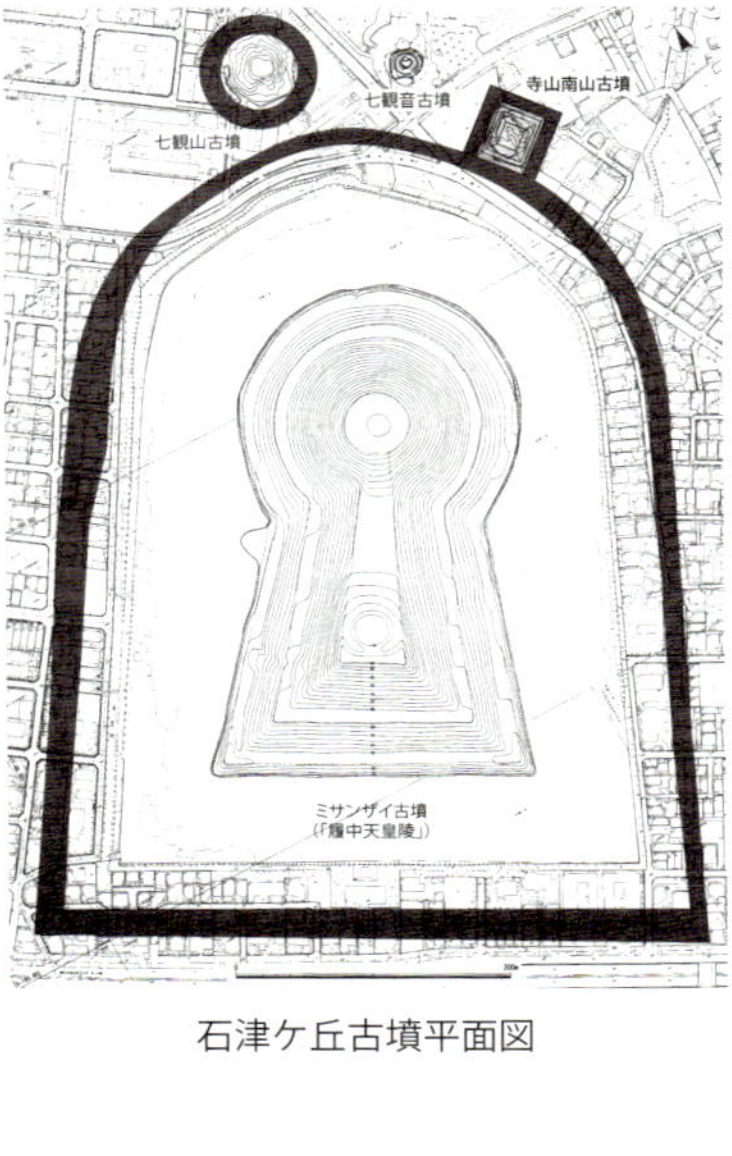

石津ケ丘古墳平面図

古墳データ

別称：履中天皇陵古墳、履中陵古墳、履中陵、上石津ミサンザイ古墳、百舌鳥耳原南陵、百舌鳥陵山古墳
所在地：堺市西区石津ケ丘
墳丘の形：前方後円墳
墳丘長：３６５m
築造時期：５世紀初頭

つくられたことになります。

現在見かけ上の堀は一重ですが、周辺の発掘調査の結果、二重堀であったことが確認されています。堀の堤に沿って古墳を一周することができますが、堤や二重目の堀と思われる部分に住宅地が建て込み、直接墳丘を眺められるのは一部に限られています。最も見通しがいいのは前方部南東角付近です。最近後円部の北側堤上に眺望施設が設けられました。ただし、後円部の正面なので古墳の全貌や形を確認することはできません。

「堺市文化財地図」などから、陪塚と思われる位置に一〇基の小古墳が存在していました。寺山南山古墳から左まわりに七観音《しちかんのん》古墳、七観《しちかん》古墳、無名塚《むめいづか》7号墳、東酒呑《ひがしさけのみ》古墳、旅塚《たびづか》古墳、経堂《きょうどう》古墳、ド塚《づか》古墳、狐塚《きつねづか》古墳、石塚《いしづか》古墳（無名塚10号墳）で、現存するのは寺山南山古墳、七観音古墳、東酒呑古墳、経堂古墳の四基のみです。七観古墳のあった位置に復元（？）されているのは公園整備でつくられたものです。

陵名がなかった石津ケ丘古墳

大山古墳については、膨大な量の研究書や文献がありますが、全国第三位の規模を持つ石津ケ丘古墳はごくわずかです。宮内庁の管轄で、墳丘内への立ち入りができないことも大きな要因ですが、その意味では大山古墳とて同じです。研究者といえども興味と関心はやはり全国第一位の大山古墳のほうに向けられているのでしょうか。

石津ケ丘古墳は研究者によってさまざまな呼び名で呼ばれています。江戸時代の地誌類では、大山古墳は大山陵、田出井山古墳は楯井陵などと記されていますが、石津ケ丘古墳だけは陵名が記されていません。これについて『全堺詳志』では、「大仙、楯井の二陵は、堺府の管轄であるが、履中陵は村の支配で、農民が自由にしており、樹木も伐採され禿げ山になり、牛の牧場となっている」と嘆いています。陵名がないのはその理由によるものと思われます。なお絵図には摺鉢山と記されたものもあります。

3. 堺市役所展望ロビーから田出井山古墳へ

堺市役所は、南海高野線堺東駅を下車して西側すぐのところにあります。堺東駅へは、阪和線との接続駅である三国ケ丘駅から一つ目です。南海線堺駅からもシャトルバスが出ています。

地上八〇メートルの市役所最上階の展望ロビーからは百舌鳥古墳群が一望のもとに見渡せます。九時から二一時まで年中無休で入場無料です。喫茶コーナーもあります。最も近い田出井《たでい》山《やま》古墳は眼下に見下ろすことができ、圧巻です。

田出井山古墳は、堺東駅の東側へ南海高野線の線路を渡ってすぐのところにあります。古墳の西側は住宅地が建て込んでいますが、東側を歩くと陪塚の鈴山《すずやま》古墳などを見ることができます。北側に方角の神様として、新築・転居等の厄除けで知られている方違《ほうちがい》神社があります。境内から柵越しに田出井山古墳の後円部を望むことができます。

M23 田出井山《たでいやま》古墳《反正《はんぜい》天皇陵》

墳丘長一四八メートル、後円部直径七六メートル、三段築成の前方後円墳です。前方部は南側を向いており、西側くびれ部に造出しがあります。現状は盾形一重の堀ですが、発掘調査で二重目の堀が見つかっています。これらの調査では円筒埴輪や朝顔形埴輪、衣蓋形、人物形の形象埴輪のほかに各種須恵器（坏蓋《つきふた》、器台《きだい》、甕《かめ》）、瑪瑙《めのう》製の勾玉なども出土。築造時期は五世紀中頃と推定されています。

反正天皇百舌鳥耳原北陵として宮内庁が指定していますが、大王墓としては規模が小さすぎるので、反正天皇の墓はニサンザイ古墳ではないかとの説もあります。宮内庁でもニサンザイ古墳を反正天皇陵の可能性があるとして陵墓参考地に指定しています。また、百舌鳥耳原北陵は大山古墳、中陵は石津ケ丘古墳、南陵は百舌鳥大塚山古墳に当てる説もあります。

古墳データ

別称：反正天皇陵古墳、反正陵古墳、反正陵、百舌鳥耳原北陵
所在地：堺市堺区北三国ヶ丘町
墳丘の形：前方後円墳
墳丘長：148m
築造時期：5世紀中頃

田出井山古墳の東側に二基の陪塚があります。いずれも方墳で、北側から天王《てんのう》古墳、鈴山《すずやま》古墳です。鈴山古墳の西側（向井神社遺跡）で堺市教育委員会が発掘調査を行っています。ここでは田出井山古墳の二重目の堀が検出され、大量の円筒埴輪が出土しました。鈴山古墳の周辺でも円筒埴輪が出土しており、これらの埴輪は田出井山古墳のものか陪塚のものかは区別がつかないようです。

なお、末永雅雄著「古墳の周庭帯と陪冢」（「書陵部紀要」一三号）には、後円部の北東にもう一箇所陪塚があったことが記載されています。方違《ほうちがい》神社の境内で出土した田出井山古墳と同質の埴輪は、この陪塚のものかもしれません。

方違神社の境内。柵越しに田出井山古墳の後円部を望める

田出井山古墳の西側に隣接した部分は、つい最近宅地開発が行われました。ここは、二重目の堀が想定される部分です。堺市によると、試掘調査は行ったが、顕著な遺構は確認されなかったとのことでした。また、開発にあたって施工者は地下遺構を破壊しないように設計変更したとのことですが、古墳の西側は住宅が建て込んでおり、堤に近づくことはできません。今回の開発地域は民有地で樹木が生い茂っていましたが、更地になると墳丘の姿がよく見通せました。田出井山古墳は南海電鉄の主要駅である堺東駅に近く、特に住宅密集地の中にあり、バッファゾーンを確保するのが困難ですが、この区域はわずかに残された空閑地だったので残念です。

第2章 古市古墳群をあるく

古市古墳群全図
大和川
F8
古室山古墳
F12
仲津山古墳
《仲姫命陵》
F13
鍋塚古墳
古市古墳群部分図（東部）…P73
道明寺中学校
国府遺跡
道明寺小学校
F14
市野山古墳
《允恭天皇陵》
道明寺東小学校
土師ノ里駅
F9
助太山古墳
（三ツ塚古墳）
道明寺天満宮
道明寺
道明寺駅
F11
八島塚古墳
（三ツ塚古墳）
道明寺南小学校
玉手中学校
F10
中山塚古墳
（三ツ塚古墳）
河内国分駅
F4
石川河川公園
東馬塚古墳
F3
栗塚古墳
玉手小学校
ふれあいパーク
F5
二ツ塚古墳
誉田中学校
誉田八幡宮
羽曳野市役所
近鉄南大阪線
F21
向墓山古墳
柏原市
誉田白鳥埴輪製作遺跡
F20
西馬塚古墳
古市駅
石川河川公園
近鉄長野線
近鉄南大阪線
古市南小学校
柏原南口駅
安堂駅
近鉄道明寺線
石川
堅下南中学校
堅下南小学校
サンヒル柏原
関西女子短期大学
旭ケ丘小学校
25
12
170
166
前方後円墳（帆立貝形古墳含む）
円墳
方墳
世界遺産
世界遺産以外

松原市
藤井寺高校
F26
津堂城山古墳
高鷲北小学校
藤井寺市
西名阪自動車道
F7
大鳥塚古墳
藤井寺IC
第三中学校
高鷲小学校
高鷲中学校
藤井寺市役所
古市古墳群部分図(西部)…P95
藤井寺工科高校
高鷲駅
四天王寺学園高校
藤井寺駅
近鉄南大阪線
葛井寺
F24
鉢塚古墳
藤井寺西小学校
F6
誉田丸山古墳
高鷲南中学校
大阪緑涼高校
津堂城山古墳周辺図…P110
高鷲南小学校
F25
岡ミサンザイ古墳
《仲哀天皇陵》
F1
誉田山古墳
《応神天皇陵》
F23
はざみ山古墳
古市大溝
F2
東山古墳
はびきの埴生学園
野中寺
F22
野中古墳
F18
浄元寺山古墳
F19
墓山古墳
白鳥小学校
F17
青山古墳
羽曳野市
埴生南小学校
峰塚公園
F16
峯ケ塚古墳
河原城中学校
大阪府立大学
F15
峰塚中学校
前の山古墳
《日本武尊白鳥陵》
羽曳野支援学校
0
250
500m

1. 誉田山古墳から市野山古墳へ

古市古墳群へは近鉄大阪阿部野橋駅から南大阪線を利用するのが便利です。大阪阿部野橋駅は、あべのハルカスの最寄り駅で、JR天王寺駅の隣にあります。古墳めぐりの起点になる古市駅の東広場には観光案内所があります。

まずはじめに、巨大古墳が集まる羽曳野《はびきの》丘陵の最先端、国府《こう》台地の尾根筋に展開する古墳をめぐりましょう。古市駅の北七〇〇メートルのところに誉田《こんだ》八幡宮があります。誉田八幡宮は日本最古の八幡宮といわれ、主祭神は応神天皇です。誉田山古墳の後円部に隣接しています。境内に**宝物館**《ほうもつかん》があり、誉田丸山《こんだまるやま》古墳から出土した国宝金銅製龍文透彫**鞍金具**《こんどうせいりゅうもんすかしぼりくらかなぐ》などが展示されています。

誉田山古墳の陪塚で現存するものは主に東側にありますが、西側にも東山《ひがしやま》古墳があります。逆方向なので、2のコース（九四頁～）に入れるのも一考です。誉田八幡宮の境内を出ると東高野街道が南北に通じています。陪塚を見ながら北側の拝所にまわりこんでいきましょう。

丘陵尾根を利用して築かれた大鳥塚《おおとりづか》古墳、古《こ》室山《むろやま》古墳、仲津山《なかつやま》古墳、市野山《いちのやま》古墳と大型前方後円墳が続きます。大鳥塚古墳と古室山古墳は国史跡ですので墳丘に上ることができます。古室山古墳からの眺望は素晴らしく、金剛《こんごう》・葛《かつら》城《ぎ》の山並みから大阪平野までを一望することができます。さらに梅・桃・桜から紅葉の季節まで、四季折々楽しむことができます。ただし傾斜がきついため、落ち葉の季節など特に足下に注意して下さい。また、葺石や埴輪片なども散乱していますが、持ち帰ることは文化財破壊になり厳禁です。

市野山古墳は、土師《はじ》ノ里《さと》駅のすぐ北側ですので、ここを終点にするといいでしょう。

宝物館　誉田八幡宮宝物館。開館は土曜日の一三時から一六時。

鞍金具　馬の鞍につける金具。

古市古墳群部分図(東部)
F13
鍋塚古墳
拝所
F14
市野山古墳
《允恭天皇陵》
国府遺跡
第三中学校
F9
助太山古墳
(三ツ塚古墳)
藤井寺
市立図書館
F12
仲津山古墳
《仲姫命陵》
道明寺
小学校
道明寺
東小学校
土師ノ里駅
土師ノ里
駅前駐輪場
F8
古室山古墳
F11
八島塚古墳
(三ツ塚古墳)
近鉄南大阪線
拝所
道明寺天満宮
道明寺
道明寺駅
近鉄道明寺線
西名阪自動車道
F10
中山塚古墳
(三ツ塚古墳)
F7
大鳥塚古墳
道明寺
南小学校
F6
誉田丸山古墳
拝所
F4
東馬塚古墳
茶山グラウンド管理棟
石川
河川公園
石川
F1
誉田山古墳
《応神天皇陵》
F3
栗塚古墳
誉田中学校
F5
二ツ塚古墳
F2
東山古墳
羽曳野警察前
羽曳野市役所
誉田八幡宮
近鉄南大阪線
0
200m
羽曳野
市役所前
F21
向墓山古墳
羽曳野市
文化財展示室
F20
西馬塚古墳
【バス情報】
●羽曳野線90414系統〔近鉄バス〕
古市駅前～羽曳野市役所前～
羽曳野警察前～藤井寺駅前
誉田白鳥
埴輪製作遺跡
羽曳野市民会館
F19
墓山古墳
古市駅
古市駅前観光案内所
古市駅前駐輪場
古市駅前
トイレ
駐車場
レンタサイクル
観光案内所
展示施設
前方後円墳
(帆立貝形古墳含む)
円墳
方墳
世界遺産
世界遺産以外

F1 誉田山《こんだやま》古墳《応神《おうじん》天皇陵》

●容積では全国一位

墳丘長四二五メートル、後円部直径二五〇メートル、同高さ三五メートル、前方部幅三〇〇メートル、同高さ三六メートルと、大山古墳に次いで全国第二位の規模を持つ前方後円墳です。その容積では大山古墳をしのぎます。宮内庁により応神天皇陵に指定されていますが、その区域は墳丘本体と内堀、内堤までで、西側の外堀と外堤は国史跡となっています。

国府台地の南端、低位段丘と旧大乗《だいじょう》川の氾濫原にまたがって立地しており、周堀を含めた全長は六五〇メートルに達します。墳丘は三段築成で、両側くびれ部に方形の造出しがあります。堀は二重にめぐっています。測量図を見ると西側前方部が崩れているのがわかりますが、これは西側半分が軟弱な氾濫原に築かれていることや墳丘の下を活断層が走っているためで、

上空から誉田山古墳（左）を望む。右下は仲津山古墳、上は岡ミサンザイ古墳

古墳データ

別称：誉田御廟山古墳、応神天皇陵古墳、応神陵古墳、恵我藻伏崗陵
所在地：羽曳野市誉田
墳丘の形：前方後円墳
墳丘長：４２５ｍ
築造時期：５世紀前半

天平六年（七三四）、マグニチュード7の大地震で墳丘が崩落したことが明らかになっています。北側の拝所から墳丘の段差が確認できるとのことですが、樹木が繁茂しているため、判然とはしません。

埋葬施設は竪穴式石槨で長持形石棺の一部が露出していたという伝承がありますが、詳しいことはわかっていません。墳丘と内堤の内外法《のり》面《めん》、外堤の内側法面には葺石が施されています。これまでに見つかっている遺物は円筒埴輪のほか、形象埴輪（衣蓋、水鳥、盾、靫、家、草摺《くさずり》、短甲、馬形）、土製品（クジラ、タコ、イカ形）、木製品（板、天秤棒《てんびんぼう》、鋤、棒、笠、衣蓋形）があります。円筒埴輪は墳丘や堤上に、二万本以上立てられていたと推定されています。直径五〇センチ、高さ一メートルを超える大型のものが確認されていますが、墳丘内にはそれより大きな埴輪もあると推測されています。埴輪は窯で焼かれた最初のもので、誉田山古墳が築造されたのは五世紀前半と推定されています。

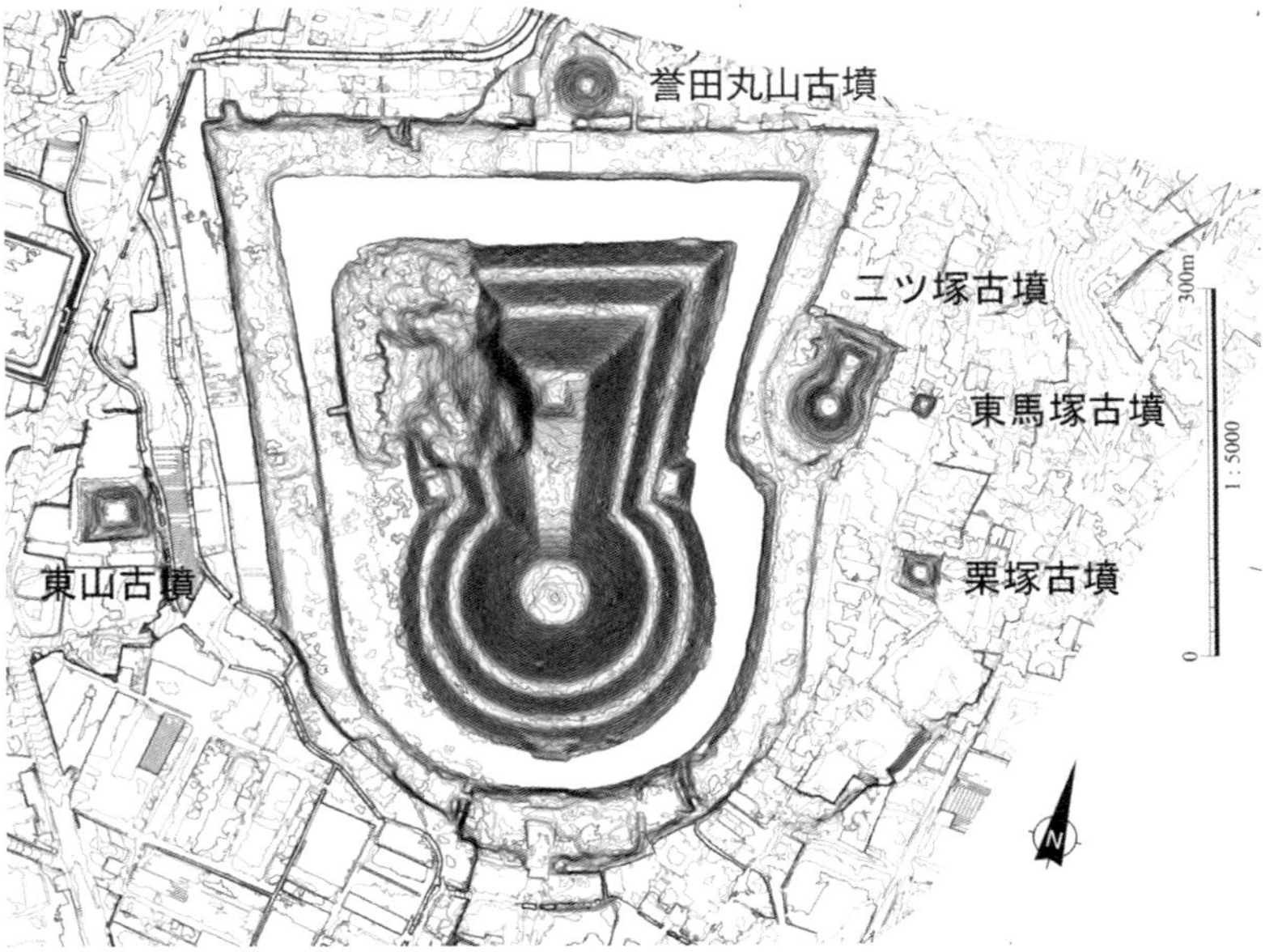

誉田山古墳レーザー測量図

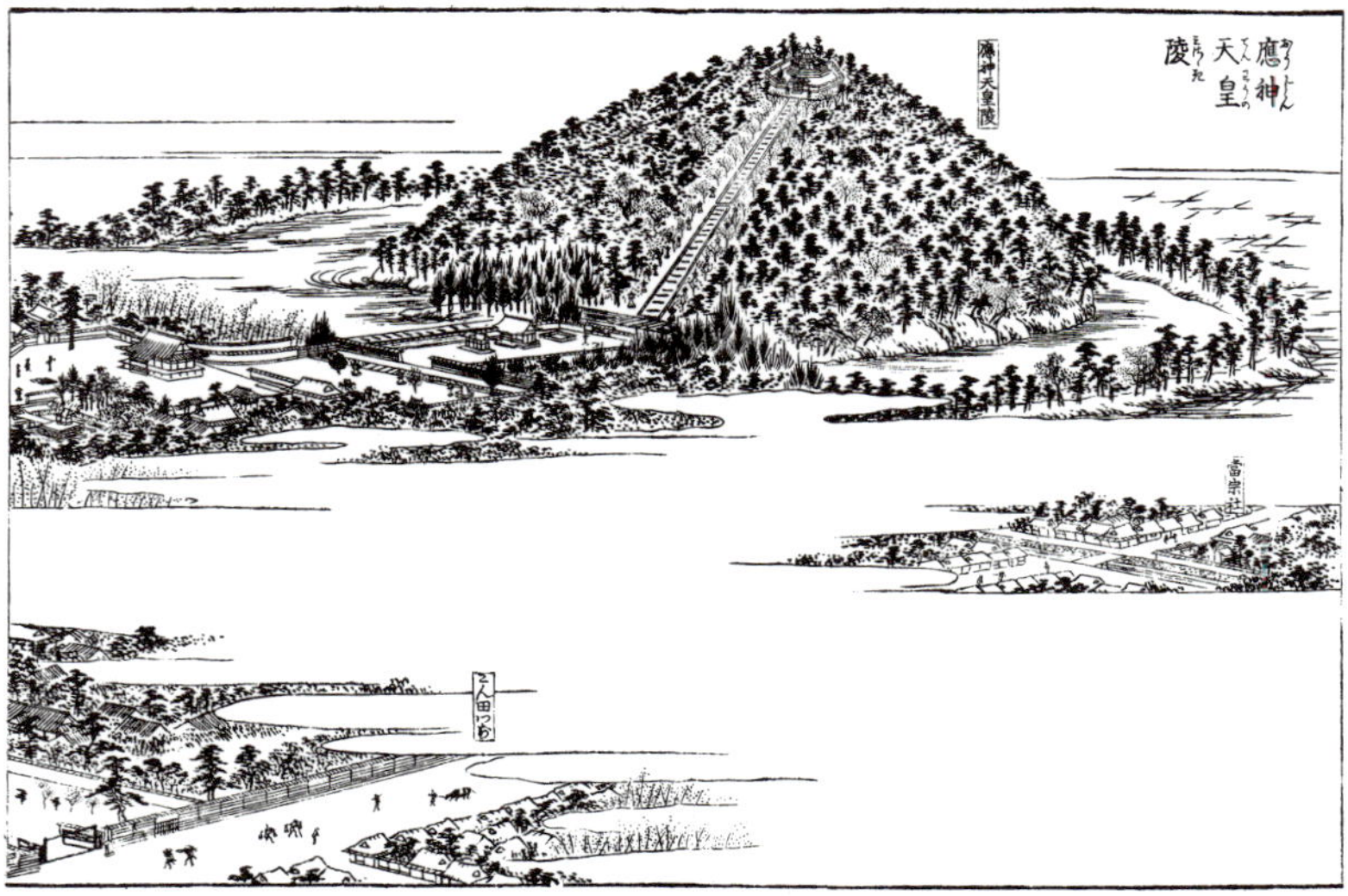

応神天皇陵（『河内名所図会』）

誉田八幡宮の南東約三〇〇メートルに誉田白《こんだはく》鳥《ちょう》埴輪製作遺跡がありますが、誉田山古墳の埴輪はここではなく、道明寺《どうみょうじ》近くにある土師《はじ》の里《さと》埴輪窯跡群で焼かれたものと思われます。

●後円部から参拝

誉田山古墳の後円部にある誉田八幡宮は、本殿右奥に放生《ほうじょう》橋があり、例祭の神輿渡御《みこしとぎょ》神事にはこの橋を渡って後円部の祭祀場まで行きます。『河内名所図会《ずえ》』では、ここから階段が後円部頂まで続いており、六角の宝殿が描かれています。現在の拝所は北側前方部にあることや、前方後円墳の名称によって正面は前方部と思われがちですが、少なくとも誉田八幡宮建立《こんりゅう》から近世以前にかけて、誉田山古墳は後円部から参拝するのが正式であったのです。境内のツツジの植え込みと藤棚の横、池の中には竪穴式石槨の天井石の一部や長持形石棺の石材がありますが、誉田山古墳のものかどうかはわかりません。

●内堤内への立ち入り

二〇一一年二月二四日、陵墓関係学会の要望

で内堤内への立ち入り観察が行われました。内堤は幅約五〇メートル、巡回路は二・八キロメートルあり、一周するのに三時間のコースです。今回の立ち入り観察では、安全上の確保ができないとの理由で、墳丘への立ち入りは許可されませんでした。墳丘は鬱蒼《うっそう》とした樹木に覆われており、内堤からの表面観察はほとんどできなかったようです。

前方部西側の墳丘の損壊は以前から測量図で確認されていましたが、担当官によれば、「損壊は前方部西側の堀をほぼ埋めるほどの大規模だったようで、一八八九年（明治二二）の堀浚渫《しゅんせつ》時に掘削されて現在の状況になった」と説明がありました。崩壊は後円部では起こっておらず、断層の影響かどうかは不明で、もともとの土壌の違いから崩壊したとも考えられる、との意見も出されています。

誉田山古墳の周堀は二重堀で、二ツ塚《ふたつづか》古墳と接する部分の堀・内堤の形がいびつになっています。これは一般的に先行して築かれていた二ツ塚古墳を避けて、誉田山古墳の周堀がつくられたためとされています。今回の立ち入り観察で、両古墳の関係性を究明することが課題のひとつでした。二ツ塚古墳には段築、盾形周堀の痕跡、前方部西側面に造出し状の遺構があることが確認されました。この造出し状の遺構は、奈良県広陵町の巣山古墳などに見られる出島状遺構であった可能性を指摘する意見もあります。

そのほか内堤には二列の埴輪がめぐっており、葺石の痕跡や内堤の後世における利用・改変の様子などが観察されました。また、崩落箇所や地形の起伏も認められるが、内堤および墳丘自体の残りは良好であったとのことです。

学会の立ち入り観察に先立って「宮内庁の陵墓委員が墳丘に入ったところ、前方部にも方形壇が確認できた」と報道されました（二〇一一年二月一九日、共同通信社配信）。このことは航空レーザー測量図でも確認でき、大山古墳の例などから、前方部にも本格的な埋葬施設がある可能性が高いと思われます。

F2 東山古墳《ひがしやま》

東西五七メートル、南北五四メートル、高さ七メートルで、北側に存在したアリ山《やま》古墳と堀を共有しています。アリ山古墳よりひとまわり大きい方墳です。

埋葬施設は不明ですが、二〇一四年に範囲確認調査が行われ、周堀と埴輪列が確認されています。円筒埴輪や朝顔形埴輪をはじめ、衣蓋、草摺、家形の形象埴輪も出土しました。墳丘は二段築成です。築造されたのは五世紀前半で、アリ山古墳と同じく誉田山古墳の陪塚と考えられます。

二〇一九年にアリ山古墳と共有する堀の発掘調査が行われました。両者をつなぐ渡《わたり》土堤《どて》と一列に並んだ柱穴が見つかっています。この穴には木の埴輪を立てていたのかもしれません。また渡土堤の斜面下からも楯、靫などの形象埴輪がかたまって発見されました。

古墳データ

所在地：藤井寺市野中
墳丘の形：方墳
墳丘長：一辺54～57m
築造時期：5世紀前半

F3 栗塚古墳《くりづか》

東高野街道の石道標の前で道が二股に分かれており、そのすぐ北にあります。一辺四三メートル、高さ五メートル、二段築成の方墳で幅七・五メートルの堀がめぐっています。墳丘は応神天皇陵陪塚（飛地ろ号）に指定されています。主軸が誉田山古墳の外堤と平行しているので、陪塚と見て間違いないでしょう。

埋葬施設などは不明ですが、周堀は住宅開発に伴い発掘調査が行われています。その結果、墳丘と堤の内側法面に葺石が施され、堤上に円筒埴輪列が確認されました。また、堀内からは円筒埴輪のほか形象埴輪（衣蓋、家、鶏、犬、馬、人物、盾、囲形）が出土。誉田山古墳と同じ五世紀前半の築造と考えられています。

現在、堀と堤の上は住宅地となっており、墳丘が見通せるのは誉田中学校の北端付近だけです。

古墳データ

所在地：羽曳野市誉田
墳丘の形：方墳
墳丘長：一辺43ｍ
築造時期：5世紀前半

F4 東馬塚古墳《ひがしうまづか》

茶山グランド管理棟駐車場の北、誉田山古墳の外堤を画するラインの内側に築かれており、陪塚（飛地い号）に指定されています。一辺三〇メートル、高さ三・五メートルの方墳で、外堤の位置が駐車場に緑のブロックで表示されています。グランドのネットフェンス工事に伴う調査で、周堀と埴輪列が確認されました。埴輪の年代は誉田山古墳と同じ五世紀前半のもので、陪塚と考えてよさそうですが、堤上に陪塚が築かれるのは少し不自然な感じもします。誉田山古墳よりも先に築かれていたか、東側には二重堀がなかった可能性も否定できません。

北側の調査で、円筒埴輪のほか家や衣蓋などの形象埴輪や石見型埴輪が出土しています。これらの埴輪は東馬塚古墳と同時代の五世紀前半のものですが、少し離れているため、他に埋没した古墳があった可能性もあります。

古墳データ

所在地：羽曳野市誉田
墳丘の形：方墳
墳丘長：一辺30ｍ
築造時期：5世紀前半

F5 二ツ塚《ふたつづか》古墳

　窓や扉に古市古墳群の航空写真を貼りつけた建物が茶山グランドの管理棟です。裏側には誉田山古墳の解説板が設置されています。普段は閉まっていますが、トイレは利用できます。

　テニスコートの向こうに見えるのが、二ツ塚古墳です。宮内庁により応神天皇陵域内陪塚に指定されています。墳丘長一一〇メートル、後円部直径七三メートルの前方後円墳です。盾形の周堀と葺石、前方部西側に造出し状の遺構があることが確認されています。円筒埴輪のほか朝顔形埴輪や盾、靫形の形象埴輪が出土し、四世紀末の築造と推定されています。

　誉田山古墳の内堀と堤がこの古墳を避けて築かれていることから、誉田山古墳より先に築かれていたのは明らかで、誉田山古墳の被葬者と関わりの深い人物の墓ではないかとの説もあります。

古墳データ

所在地：羽曳野市誉田
墳丘の形：前方後円墳
墳丘長：110m
築造時期：4世紀末

F6 誉田丸山古墳《こんだまるやま》

誉田山古墳前方部拝所のすぐ東に隣接してあり、宮内庁が域内陪塚に指定しています。直径五〇メートル、高さ一〇メートルの円墳で、堀をめぐらし、円筒埴輪列と葺石が施されています。造出しを持つ可能性もあります。埋葬施設の詳細は不明ですが、石材が見られないことから、木棺を粘土槨で覆っていた可能性があります。墳頂部に衣蓋、盾、靫形の形象埴輪があったと報告されています。

金銅製龍文透彫鞍金具《こんどうせいりゅうもんすかしぼりくらかなぐ》などの馬具のほか、鉄製武器・武具が出土したと伝えられています。なかでも馬具は日本最古級のものであり、一括して国宝に指定され、誉田八幡宮が所蔵しています。ただし、誉田丸山古墳出土というのは建前で、本当は誉田山古墳から出土したものかもしれません。築造時期は五世紀中頃から後半と推定されています。

古墳データ

所在地：羽曳野市誉田
墳丘の形：円墳
墳丘長：直径50ｍ
築造時期：5世紀中頃～後半

金銅製龍文透彫鞍金具　大阪府立近《ちか》つ飛鳥《あすか》博物館に復元された鞍金具のレプリカが展示されている。

F7 大鳥塚《おおとりづか》古墳

誉田山古墳の前方部にあり、墳丘長は一一〇メートル、後円部直径七三メートル、後円部は三段、前方部は二段の前方後円墳です。くびれ部両側に造出しがあり、幅の狭い馬蹄形の空堀《からほり》がめぐります。葺石が施され、円筒埴輪のほか形象埴輪（家、盾、衣蓋、冑形）が出土。付近からは、この古墳のものと見られる**草摺**《くさずり》衝角《しょうかく》付冑形埴輪《つきかぶとがたはにわ》も出土しています。埋葬施設は粘土槨と推定され、**位至三公鏡**《いしさんこうきょう》と**変形獣形鏡**《へんけいじゅうけいきょう》および鉄製武器（剣、刀、矛《ほこ》、鏃《やじり》）の出土が伝えられています。築造されたのは四世紀末頃です。

第二次大戦時に後円部の墳丘裾に軍用機を隠す壕が掘られ、墳形が著しく損傷しています。国史跡で、墳丘に登ることはできますが、枯れ葉などが落ちていると滑りやすいので、注意が必要です。ここから先は台地の尾根上に古墳が並びますが、その向きは交互に異なっています。

古墳データ

所在地：藤井寺市古室
墳丘の形：前方後円墳
墳丘長：110m
築造時期：4世紀末

草摺　鎧の一部。胴から下に分かれて垂れている裾。

位至三公鏡　主文が竜鳳双頭文系統で、鈕の上下に「位至」「三公」または「君宜」「高官」の銘文を入れたもの。後漢末より六朝前半に、中国北部で使用された。

変形獣形鏡　変形した獣が描かれている銅鏡。形と文様によって呼称が決められており、縁の断面によって平縁、三角縁などがあり、神と獣が描かれているものは神獣鏡で、その数によって二神とか三獣などと区別されている。

F8 古室山《こむろやま》古墳

　大鳥塚古墳から西名阪自動車道を挟んで古室山古墳があります。墳丘長一五〇メートル、後円部直径九六メートル、三段築成の前方後円墳で、東側に造出しを持ち、葺石と埴輪が確認されています。埋葬施設や副葬品は明らかではありませんが、墳頂部に板状の石が散在しているので、竪穴式石槨と考えられます。埴輪には円筒埴輪のほか形象埴輪（家、衣蓋、盾、靫、水鳥、舟、甲冑形）があります。墳丘西側で堀の跡が確認されており、前方部に堤の一部が残っていますが、堀は空堀であったようです。築造時期は四世紀後半と推定され、古市古墳群の中でも最も早くつくられた古墳のひとつです。

　国府台地でも高いところに築かれており、後円部頂上の標高が約三九メートルあって、視界をさえぎる樹木が少なく墳頂からの眺めは絶景です。

古墳データ

所在地：藤井寺市古室
墳丘の形：前方後円墳
墳丘長：１５０ｍ
築造時期：４世紀後半

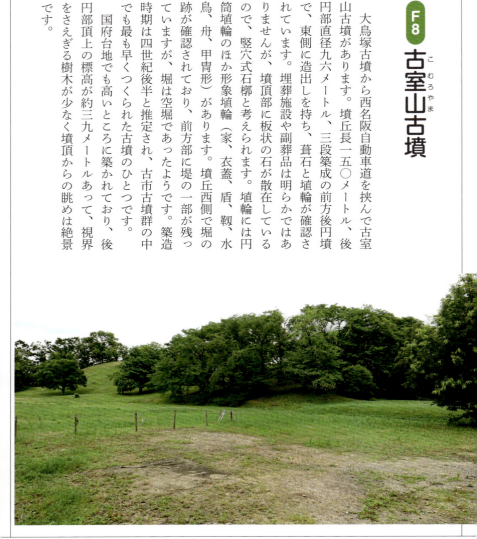

F9 助太山《すけたやま》古墳（三《み》ツ《つ》塚《づか》古墳）
F10 中山塚《なかやまづか》古墳（三《み》ツ《つ》塚《づか》古墳）
F11 八島塚《やしまづか》古墳（三《み》ツ《つ》塚《づか》古墳）

仲津山古墳の南側は急な崖になっており、東の道明寺天満宮付近まで続いています。この崖を利用して埴輪の窯跡（土師の里埴輪窯跡群）が築かれています。崖の下で東西に三基の方墳が並んでいます。西から助太山古墳、中山塚古墳、八島塚古墳で、三ツ塚古墳はこの三基の総称です。中山塚古墳と八島塚古墳は一辺五〇メートル。助太山古墳は他の二墳よりひとまわり小さい一辺三六メートルです。三つの古墳は墳丘の南辺を揃え、堀を共有しています。

　助太山古墳は堀を除いた墳丘のみが国史跡に指定され、中山塚古墳（飛地い号）、八島塚古墳（飛地ろ号）は仲津山古墳の陪塚として宮内庁の管轄です。助太山古墳は堀の西側が調査されていますが、築造時期を特定するまでには至っていません。墳頂部には凝灰岩の巨石が露出していたため、横口式石槨《よこぐちしきせっかく》の天井石ではないかという説もありますが、詳細は不明です。古墳は整備され、墳丘に登る石段が設置されています。

　ほかの二墳は墳丘のみが宮内庁で堀は民有地です。このため、中山塚古墳と八島塚古墳の間で一九七八年に共同住宅の建設計画が持ち上がり、大阪府教育委員会が事前調査を行いました。この調査で大小二つの木製ソリが出土しました。大きいほうのソリは常緑樹のアカガシ属の自然

古墳データ

▼助太山古墳
所在地：藤井寺市道明寺
墳丘の形：方墳
墳丘長：一辺36ｍ
築造時期：不明

▼中山塚古墳
所在地：藤井寺市道明寺
墳丘の形：方墳
墳丘長：一辺50ｍ
築造時期：不明

▼八島塚古墳
所在地：藤井寺市道明寺
墳丘の形：方墳
墳丘長：一辺50ｍ
築造時期：不明

助太山古墳

中山塚古墳

八島塚古墳

木で、二股に枝分かれした部分を利用しており、全長八・八メートルあります。小さいほうはクヌギで全長二・八メートルです。このソリは通称〝修羅《しゅら》〟と呼ばれています。なぜ修羅と呼ぶかというと、「仏教の八部衆《はちぶしゅう》のひとつに阿修羅《あしゅら》という神がいますが、阿修羅は戦いの神としてのイメージをもたれており、激しい争いの場を修羅場《しゅらば》とも言います。ライバルの帝釈天《たいしゃくてん》に戦いを挑む悪神の意から、中世以降、大石（たいしゃく）を動かす器具や装置のことを修羅と呼ぶようになった」とのことです。この発掘現場の現地説明会には、一万二〇〇〇人が訪れ、土師ノ里駅まで行列が続きました。

出土した木製のソリの年代は特定されていませんが、大きく五世紀説と七世紀説に分かれます。五世紀とする根拠は、堀内から出土した埴輪は中山塚古墳と八島塚古墳に立てられていたもので、その年代は五世紀とするものです。また、七世紀説は助太山古墳が横口式石槨を持つ七世紀の古墳であり、他の二古墳も同時期とするものです。出土した埴輪は三ツ塚古墳のすぐ北側の埴輪窯から混入した可能性もあり、堀内からは埴輪とともに七～八世紀代の土器も出土しています。さらに、五世紀代の古墳には、石棺を除いて大きな修羅で運ばなくてはならない巨石は使われていません。これらのことから、筆者は五世紀説の根拠は薄いと考えます。中山塚古墳と八島塚古墳は宮内庁の管轄であり、今のところ調査の予定はありませんが、古墳の時期が特定できればこの論争に決着がつくでしょう。

修羅の複製は道明寺天満宮の梅林横の覆屋《おおいや》に保管されています。実物は大阪府立近《ちか》つ飛鳥《あすか》博物館に常設展示されています。小さいほうの修羅は、藤井寺市立図書館の一階にあります。ここには古墳づくりの大きなジオラマと赤子塚《あかごづか》古墳出土の埴輪などが展示されています。

修羅発掘風景

F12 仲津山古墳《なかつやま》《仲姫命陵《なかつひめのみことりょう》》

古室山古墳と向き合っているように仲津山古墳があります。宮内庁によって応神天皇皇后仲姫命陵に指定されています。北西から北側、古墳の側面に沿うように近鉄南大阪線がカーブしています。前方部の北角から西一〇〇メートルあまりのところに松川塚《まつかわづか》古墳がありますが、以前この付近に「御陵前駅」があったと言われています。土師ノ里駅から一キロも離れていないところなので、応神天皇陵と皇后陵に参詣するために設けられた駅だったのでしょう。

仲津山古墳は墳丘長二九〇メートル、後円部直径一七〇メートル、三段築成の前方後円墳で、くびれ部の両側に造出しを持ちます。埋葬施設や副葬品についてはよくわかっていませんが、石棺の存在や滑石製勾玉《かっせきせいまがたま》、**銀環**《ぎんかん》が出土したとの言い伝えが残されています。堤上の大部分は住宅となっていますが、前方部を除いて堤上を一

古墳データ

別称：仲姫命陵古墳、仲津山陵
所在地：藤井寺市沢田
墳丘の形：前方後円墳
墳丘長：290m
築造時期：4世紀末

銀環　銀メッキした耳飾り。

周することができ、墳丘を間近に観察することができます。国府台地の最高所に位置し、幅が狭く深い盾形の堀と、上面の平坦部が約二五メートルと幅の広い堤をめぐらせています。堤の部分は開発され住宅地になっています。堀は一見してわかるように水は溜まっていません。地形との関係で、水を溜めるのが困難なところです。周堀は本来水を溜めるものではなかったことがわかります。

宮内庁敷地外で大阪府や藤井寺市が住宅の建て替えなどの機会に発掘調査を行い、堤の外側斜面に葺石が施されていることや、堤の内側に埴輪列がめぐっていることが確認されています。円筒埴輪のほか衣蓋、盾、靫形の形象埴輪も出土しており、四世紀末頃の築造と考えられ、百舌鳥・古市古墳群の中では、最初に築かれた大王墓とされています。天皇は皇后よりも先に亡くなっていますが、皇后の墓が先につくられています。ここでも宮内庁の指定に根拠がないことがわかります。

堤上で見つかった埴輪列

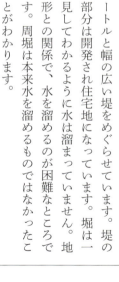

F13
鍋塚古墳《なべづか》

　土師ノ里駅の改札口を出ると、左前方に見えるのが鍋塚古墳です。一辺六三メートル（堀を含めると七〇メートル）、高さ七メートル、古市古墳群では最大級の方墳です。埋葬施設や副葬品は不明ですが、葺石と埴輪列が確認されています。円筒埴輪のほか形象埴輪（家、盾、靫、衣蓋形）も採集されています。仲津山古墳の外堤部に食い込んでおり、築造時期も同じ四世紀末頃と考えられ、仲津山古墳と密接な関係がうかがえます。

　土師ノ里駅周辺には高塚山《たかつかやま》古墳や長持山《ながもちやま》古墳など沢田七つ塚と呼ばれる小古墳群がありましたが、道路や建物の建設によって次々に姿を消していき、ほぼ完全な形で残っているのは鍋塚古墳だけになりました。墳頂まで階段がつけられています。墳頂に登ると仲津山古墳の後円部がよく見えます。

古墳データ
所在地：藤井寺市沢田
墳丘の形：方墳
墳丘長：一辺63ｍ
築造時期：4世紀末

F14

市野《いちの》山《やま》古墳《允恭《いんぎょう》天皇陵》

●国府台地の北端に造営

土師ノ里駅の改札を出るとすぐ北側にあるのが市野山古墳です。近鉄南大阪線と併行して通る府道堺大和高田線を渡ります。府道に沿って東へ一〇〇メートルほど歩いて北側に左折します。府道との間に唐櫃《からと》山《やま》古墳があり、藤井寺市によって将来整備されるとのことです。北へ突き当たったところが市野山古墳の後円部です。宮内庁が允恭天皇陵に指定しており、堤には金網がめぐらされています。

市野山古墳は墳丘長二三〇メートル、後円部直径一四〇メートルの前方後円墳で、古市古墳群では四番目の規模です。前方部が北を向いており、盾形の堀をめぐらせています。現在では内堀だけしか見えませんが、発掘調査の結果、二重の堀と堤があったことがわかっています。宮内庁の陵墓図を見れば、前方部北東角にL字

古墳データ

別称：允恭天皇陵古墳、允恭陵古墳、允恭陵、恵我長野北陵
所在地：藤井寺市国府
墳丘の形：前方後円墳
墳丘長：２３０ｍ
築造時期：５世紀中頃〜後半

形の長池がありました。これが外堀の名残であることは一目瞭然です。この池は一九七三年から七四年にかけて保育所建設のため埋め立てられました。現在、池の東側部分は藤井寺市立第五保育所などに、北側部分は現在空き地となっており柵で囲まれています。二重堀の痕跡は、後円部の方ではあまり明瞭ではなく、同じ規模では完周していなかったようです。西側にある**国道一七〇号線**は、ほぼ外堀の推定位置と重なります。

墳丘は三段築成で、くびれ部の両側に造出しがあります。江戸時代までは河内木綿の原材料の綿が植えられており、「綿山」と呼ばれていました。ここは地形上、堀に水が溜まりにくく空堀で、村人は自由に出入りしていたようです。現在も北東側以外は水面が確認されません。

埋葬施設は明らかでありませんが、堤などから円筒埴輪のほか形象埴輪（家、盾、靫、衣蓋、馬、犬、鶏、人物形）が出土しています。出土した埴輪などから、築造されたのは五世紀中頃から後半と推定されています。

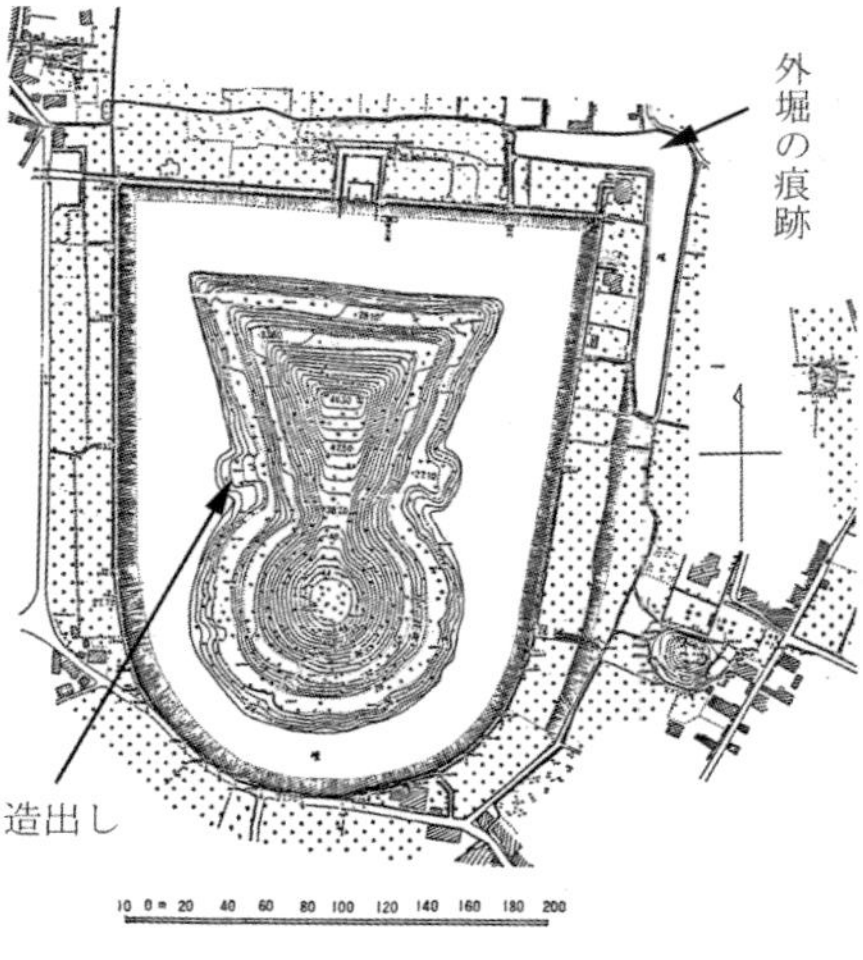

市野山古墳平面図

●時代とともに変わる陪塚の形

市野山古墳のまわりには、十数基の小古墳が取り巻いています。その多くは陪塚と思われますが、陪塚でないものも含まれています。陪塚かそうでないのかを決めるのは、なかなか難しい問題です。現存するのは唐櫃山古墳と宮内庁管轄の宮《みや》の南塚《みなみづか》古墳（飛地は号）、衣縫塚《いぬいづか》古墳（飛地ろ号）のみです。誉田山古墳や墓山古墳の陪塚はほとんどが方墳ですが、市野山古墳の

国道一七〇号線　一七〇号線にはバイパスが新しく敷設されており、こちらは旧道。

陪塚は円墳または帆立貝形古墳です。時代が下がると陪塚の墳形も変わります。

市野山古墳の前方部正面の内堤上からは、**埴《はに》輪《わ》円筒棺墓《えんとうかんぼ》**一基、**石槨木棺墓《せっかくもっかんぼ》**二基、**土壙墓《どこうぼ》**五基が見つかっています。これ以外に西側外堤に接する位置から埴輪円筒棺墓一基、市野山古墳東側（兎塚《うさぎづか》古墳）でも埴輪円筒棺墓が発見されています。これらの墳墓は陪塚ではなく、古墳の造営や管理に関わった集団の墓ではないかと推定されています。

●国府遺跡も至近に

市野山古墳のまわりを東側から歩いてみましょう。後円部の南東は住宅が建て込んでいるので直接墳丘を見ることはできませんが、後円部の東側中間あたりに細い路地があり、堤上に出ることができます。堀に沿って前方部の北東角まで行くことが可能です。

市野山古墳の前方部には住宅が建て込んでいるため、正面から拝所には行けません。前方部北西角の国道一七〇号線沿いに入り口があります。柵や金網に阻まれずに全景が見通せるのはこの位置しかありません。西側の堤上には、マンションなどが立ち並んでいるため、古墳の側面を直接見ることはできません。

市野山古墳の三〇〇メートル北東に国府遺跡があります。国府遺跡は旧石器や縄文、弥生時代の人骨が出土し、学史的にも貴重な遺跡として国史跡に指定されています。国府遺跡は、七世紀には古代寺院が建立され、古代河内**国衙《こくが》**の有力な候補地でもあります。あわせて見学することをおすすめします。

兎塚古墳の埴輪円筒棺墓

埴輪円筒棺墓　円筒埴輪を転用した墓のこと。

石槨木棺墓　木の棺を石のカプセルで覆ったもの。

土壙墓　単に地面に穴を掘っただけの墓。

国衙　日本の律令制において、国司が地方政治を行った役所が置かれたところ。

2. 前の山古墳から津堂城山古墳へ

ここからは羽曳野丘陵の縁辺に広がる中・低位段丘に築かれた古墳群をめぐります。誉田山古墳の東半分は国府台地と呼ばれる段丘面の上ですが、その西半分は旧大乗川《だいじょう》がつくり出す氾濫原の上に乗っています。現在は平坦な地形に見えますが、はざみ山古墳やその南にある野《の》中宮山古墳《なかみややま》と、誉田山古墳との間は、小さな谷で隔てられているのです。この谷の西側に築かれた古墳群を、近鉄南大阪線の古市駅を起点に歩いてみましょう。

少し距離は長いですが、一日で歩くことは可能です。このコースには、旧石器時代の遺跡から、古代寺院までバリエーションに富んでいます。また、ところどころに展示施設もあります。

古墳以外の主な遺跡には、古市駅に近いところで旧石器時代の翠鳥園《すいちょうえん》遺跡があります。遺跡は公園になっており、ガイダンス施設のほかベンチ、トイレなどもあり、古墳めぐりの休憩場所におすすめです。羽曳野市役所南側一帯は誉田白鳥《こんだはくちょう》埴輪製作遺跡です。１号窯の位置が石材で明示され、窯の模型と解説板があります。市役所に隣接して文化財展示室があり、古市古墳群から出土した埴輪群は圧巻です。

岡ミサンザイ古墳に向かう途中には古代寺院の野中寺《やちゅうじ》が、また藤井寺駅の南には西国三十三所第五番札所の葛井寺《ふじいでら》もあります。岡ミサンザイ古墳の東側にあるシュラホールには、藤井寺市内の遺跡から見つかった遺物を展示しています。この建物の外観は船形埴輪を、温室は衣蓋形埴輪をモチーフに設計されています。また、美陵《みささぎ》ポンプ場内にあった藤の森古墳の石室も移築されています。津堂城山古墳にはガイダンス施設の「まほらしろやま」があり、堀は花畑になっています。

古市古墳群部分図（西部）
藤井寺駅
近鉄南大阪線
藤井寺駅前
四天王寺学園高校
藤井寺まちかど情報館ゆめぷらざ
葛井寺
辛國神社
藤井寺西小学校
F8
古室山古墳
西名阪自動車道
F7
大鳥塚古墳
F24
鉢塚古墳
藤井寺住宅前
F6
誉田丸山古墳
アイセルシュラホール
F25
岡ミサンザイ古墳
《仲哀天皇陵》
拝所
御陵前
藤ケ丘
F1
誉田山古墳
《応神天皇陵》
F2
東山古墳
186
F23
はざみ山古墳
191
古市大溝
31
野中北
170
羽曳野警察前
羽曳野市役所
野中寺
F22
野中古墳
F19
墓山古墳
羽曳野市役所前
F18
浄元寺山古墳
F21
向墓山古墳
羽曳野市文化財展示室
誉田白鳥埴輪製作遺跡
F17
青山古墳
白鳥小学校
F20
西馬塚古墳
翠鳥園遺跡公園
古市駅
F16
峯ケ塚古墳
LICはびきの
軽里三丁目
F15
前の山古墳
《日本武尊白鳥陵》
軽里一丁目
古市駅前
時とみどりの交流館
0　200m
峰塚公園
長野線
近鉄
【バス情報】
●羽曳野線90412系統〔近鉄バス〕
古市駅前～軽里三丁目～軽里一丁目～御陵前～藤井寺駅前
●羽曳野線90414系統〔近鉄バス〕
古市駅前～羽曳野市役所前～羽曳野警察前～野中北～藤ケ丘～藤井寺住宅前～藤井寺駅前
トイレ
駐車場
レンタサイクル
観光案内所
展示施設
前方後円墳（帆立貝形古墳含む）
円墳
方墳
世界遺産
世界遺産以外

F15

前《まえ》の山《やま》古墳《日本武尊《やまとたけるのみこと》白鳥陵《はくちょうりょう》》

●三箇所ある白鳥陵

古市駅の西、国道一七〇号線の白鳥交差点を南に曲がって一〇〇メートルのところに、「仁《にん》賢《けん》天皇　清寧《せいねい》天皇　日本武尊御陵参拝道」と書かれた道標が立っています。そこからはウオーキングトレイルとして整備されカラー舗装がされています。しばらく行くと急に視界が開け前の山古墳の側面に出ます。

宮内庁により景行《けいこう》天皇皇子日本武尊白鳥陵に指定されています。『日本書紀』によると、「日本武尊は**能褒野**《のぼの》で没し、その地で葬られたが、白鳥となって大和に向かい、**琴弾原**《ことひきのはら》に舞い降りたあと、旧市邑《ふるいちのむら》（羽曳野市）に降り立ち、その後、天空に飛び去った」とされています（『古事記』では河内国の志幾《しき》となっています）。宮内庁によると能褒野墓《のぼののはか》（能褒野王塚《のぼのおうつか》古墳）が日本武尊の墓で、奈良県御所《ごせ》市と羽曳野市の白鳥

古墳データ

別称：軽里大塚古墳、白鳥陵古墳、白鳥陵
所在地：羽曳野市軽里
墳丘の形：前方後円墳
墳丘長：200m
築造時期：5世紀後半

能褒野　現在の三重県亀山市。
琴弾原　現在の奈良県御所市。

陵はそれの付属物という位置づけになっています。三箇所とも宮内庁の管轄ですが、御所市の白鳥陵は古墳ではなさそうです。

前の山古墳は、羽曳野丘陵から東に延びる台地上に築かれています。墳丘長二〇〇メートル、後円部直径一〇六メートル、高さ二〇・五メートル、前方部幅一六五メートル、高さ二三・三メートルの前方後円墳です。三段築成で、北側のくびれ部に造出しがあります。前方部が後円部直径の約一・五倍もあり、高さも約三メートル高くなっており、前方後円墳の中でも新しい特徴を持っています。墳丘の形はニサンザイ古墳と相似形です。前方部が西側を向いており、幅三〇〜五〇メートルもある盾形の広い堀がめぐっています。堤の幅は約二一メートルあることが羽曳野市の調査で確認されています。さらにその外側に四・五メートルの溝がめぐらされていることも確認されました。

●魚介を模した土製品も出土

宮内庁による墳丘裾部や周堀外堤の護岸工事

に伴う発掘調査で、円筒埴輪列や葺石が検出されています。そのほか朝顔形埴輪、須恵器《すえき》（器《き》台《だい》、甕《かめ》）、イカ、タコを模した土製品なども出土しています。出土した埴輪は、市野山古墳の埴輪と同じ特徴をもっています。すべて窯で焼かれたもので、誉田白鳥埴輪窯から供給されたものではないかと考えられます。南側くびれ部に造出しがあった可能性が高いと思われますが、この時の調査では確認ができなかったようです。

墳丘裾部は全体として大きくえぐられており、第一段目斜面の大半が失われ、堀の底も削られていることがわかりました。これは農業用水確保のために堀を拡張し、浚渫《しゅんせつ》土を墳丘上に盛土したため、その際に墳丘裾部分も一緒に削られた可能性があります。また波浪による浸食も続いており、本来の墳丘は全長・後円部直径とも五〜六メートルは大きくなることが明らかになりました。

そのほか周辺部の調査でも家、衣蓋、盾形の形象埴輪などが出土。これらのことから、築造時期は五世紀後半と推定され、伝説上の人物である日本武尊の墓ではないことが明らかです。

解説板のある前方部北西角から後円部にかけて堤上を半周することができますが、南側はマンションなどが建て込んでいるため、歩くことはできません。前方部の北側半分は現在、畑をはさんで見通すことが可能ですが、南半分は分譲住宅になっています。

前の山古墳レーザー測量図

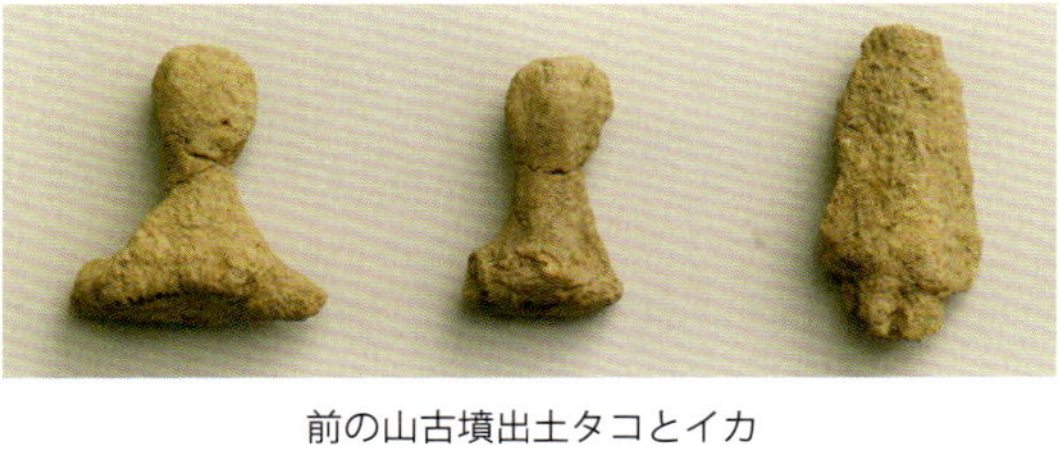
前の山古墳出土タコとイカ

F16 峯《みね》ケ《が》塚《づか》古墳

峯塚公園の中にあります。墳丘長九六メートル、後円部直径五六メートルの前方後円墳です。墳丘は二段築成で、北側に造出しがあります。墳丘には埴輪列と葺石が施されていますが、葺石は上段斜面の裾部に鉢巻き状に施されています。堀は南側を除いて二重にめぐっています。

後円部の埋葬施設からは石槨の一部と三五〇〇点を超える副葬品が出土し、人の歯も見つかっています。石槨は竪穴式石槨から横穴式石室に移行する過渡期のものという意見もあります。副葬品は中期古墳に多い武器、武具、馬具などと、金、銀、ガラスの豪華な装飾品など後期古墳に特徴的なものが混在しています。

これらの遺物は当時の技術や大陸文化との交流を知る上で貴重なものです。築造された時期は五世紀末から六世紀初頭と考えられ、被葬者は大王クラスの人物であったことは確実です。

古墳データ

所在地：羽曳野市軽里
墳丘の形：前方後円墳
墳丘長：96ｍ
築造時期：5世紀末～6世紀初頭
峯塚公園　公園内の「時とみどりの交流館」では副葬品の一部が展示されている。

峯ケ塚古墳出土装身具（花形飾り）

F17

青山《あおやま》古墳

峯ケ塚古墳のあとは、国道一七〇号線（バイパス）を渡って青山古墳を見ていくことにしましょう。青山古墳は青山病院の東側の住宅街にあります。直径六二メートル、高さ一〇メートル、造出し付きの円墳です。墳丘は二段築成で葺石を施し、堀をめぐらせています。堀内から円筒埴輪のほか形象埴輪（家、衣蓋、盾、靫、馬、人物形）が出土しており、五世紀中頃の築造と推定されています。

青山古墳の南側一帯には小規模古墳が群集しており、計一一基の古墳がありました。青山古墳を除いてすでに住宅などが建っており、見学することはできません。このうち七基が藤井寺市域内にあり、青山古墳群と呼ばれています。残りの四基は羽曳野市域で、こちらは軽里《かるさと》古墳群と名づけられました。古墳のあった場所にはところどころに解説板が設置されています。

古墳データ

別称：青山1号墳
所在地：藤井寺市青山
墳丘の形：円墳
墳丘長：直径62ｍ
築造時期：5世紀中頃

F18 浄《じょう》元《がん》寺《じ》山《やま》古墳

青山古墳の東一〇〇メートルのところにあります。二〇一六年に国史跡に指定されました。一辺六七メートル、高さ七メートル、堀をめぐらせた二段築成の方墳で、墳丘と堀の法面には葺石が施されています。円筒埴輪と朝顔形埴輪が出土しており、五世紀中頃の築造と推定されています。

古墳はフェンスで囲まれていますが、樹木もまばらで、墳丘の形をよく観察することができます。墓山古墳の陪塚と見られ、同じ陪塚の向墓山古墳とは同じ企画でつくられた可能性が高いと考えられています。

南側に接して児童遊園がありますが、ここに一辺二〇メートルの方墳、西墓山《にしはかやま》古墳がありました。大量の鉄製武器や農工具、滑石製模造品など二〇〇〇点を超える遺物が出土しましたが、人体埋葬の痕跡はありませんでした。

古墳データ

所在地：藤井寺市青山
墳丘の形：方墳
墳丘長：一辺67ｍ
築造時期：5世紀中頃

F19 墓山《はかやま》古墳

羽曳野市役所の西側にあり、墳丘長二二五メートル、後円部直径一三五メートルの前方後円墳です。三段築成でくびれ部両側に造出しを持ち、盾形の周堀と幅の広い堤があります。応神天皇陵の陪塚（飛地ほ号）に指定されていますが、大王墓クラスの古墳で陪塚とは考えられません。墳形は市野山古墳や高槻《たかつき》市の太田茶臼山《おおだちゃうすやま》古墳と同一同大で、築造時期は五世紀前半です。

後円部の頂から多量の滑石製勾玉や形象埴輪（家、衣蓋、盾、靫、短甲形など）が出土したと伝えられています。また、亀甲紋《きっこうもん》を刻んだ**竜《たつ》山石《やまいし》**製の石棺蓋石《せっかんふたいし》が露出していたとの報告もあり、埋葬施設は竪穴式石槨の中に長持形石棺が納められていたと推定できます。

前方部南西で、堤の斜面に葺石が確認され、円筒埴輪のほか盾形や人物形埴輪が出土。人物形埴輪は等身大で最も古いものです。

古墳データ

所在地：羽曳野市白鳥
墳丘の形：前方後円墳
墳丘長：２２５ｍ
築造時期：５世紀前半

竜山石　兵庫県高砂市伊保町竜山に産する流紋岩質凝灰岩の石材名。加工が容易なことから古墳時代の石棺の材料としてよく使われている。

F20 西馬塚《にしうまづか》古墳

羽曳野市役所の南約一〇〇メートルの住宅街の中にあります。応神天皇陵の陪塚（飛地は号）に指定されています。一辺四五メートル、高さ七・五メートル、二段築成の方墳で、葺石を施し、周囲に堀をめぐらせています。堀の中からは円筒埴輪や朝顔形埴輪のほか、形象埴輪（家、盾、衣蓋、水鳥形）、須恵器、土師器《はじき》が出土しています。

築造されたのは五世紀後半と推定されています。誉田山古墳からは言うに及ばず、墓山古墳からも少し距離があり、築造時期も異なるため、両古墳の陪塚とは考えられません。

西馬塚古墳の南側一帯では白鳥《はくちょう》1号墳、2号墳ほか、古墳の堀と考えられる溝が複数見つかっており、未発見の古墳も存在する可能性があります。西馬塚古墳はそれら古墳群のひとつであったと思われます。

古墳データ

所在地：羽曳野市白鳥
墳丘の形：方墳
墳丘長：一辺45m
築造時期：5世紀後半

F21 向墓山古墳《むこうはかやま》

墓山古墳後円部に接して築かれており、一辺六二〜六八メートル、高さ一〇メートルのややいびつな形をした方墳です。墳丘は二段築成で、葺石を施しています。堀は確認されていませんが、墓山古墳外堤部に接する部分では、両古墳が共有する溝と渡土堤《わたりどて》が見つかっています。両古墳溝と渡土堤は計画的につくられており、墓山古墳の陪塚と考えられます。

円筒埴輪や朝顔形埴輪のほか形象埴輪（家、衣蓋、盾、靫、水鳥形）が出土しており、築造時期は五世紀前半と推定されています。

応神天皇陵の陪塚（飛地に号）に指定されており、墳丘の大部分は宮内庁の管轄ですが、西側は市有地で墳丘裾の一部が復元整備され、中にはベンチと解説板が設置されています。隣接して羽曳野市文化財展示室があり市内から出土した埴輪などを間近で見ることができます。

古墳データ

所在地：羽曳野市白鳥
墳丘の形：方墳
墳丘長：一辺62〜68ｍ
築造時期：5世紀前半

F22

野中《のなか》古墳

墓山古墳の後円部北側の住宅街の中にあります。一辺三七メートル、高さ五メートル、二段築成の方墳で、堀をめぐらせ東側で渡土堤状の遺構が確認されています。墳丘斜面には葺石が施され、墳頂部から形象埴輪ほか、膨大な遺物が出土しています。

墳頂部には五列の木箱があり、甲冑一一組、鉄製の刀剣一七〇、鏃《やじり》七四〇、鉄鋌《てってい》一二九以上のほか多数の農工具、碧玉製**管玉**《へきぎょくせいくだたま》、**伽耶**《かや》地域の陶質《とうしつ》土器などが出土しています。二列目の木箱には朱《しゅ》が散布され、人体埋葬の可能性をうかがわせます。一古墳から出土した甲冑の数では、堺市の黒姫山《くろひめやま》古墳に次いで全国で二番目の多さです。その他四万点を超える滑石製模造品や数千の須恵器、土師器も出土しています。築造された時期は五世紀中頃から後半と推定され墓山古墳の陪塚と考えられています。

古墳データ

所在地：藤井寺市野中
墳丘の形：方墳
墳丘長：一辺37ｍ
築造時期：5世紀中頃～後半

管玉　古墳時代の装身具の玉のひとつ。細長い竹管状をしており、碧玉製のものが多い。

伽耶　三世紀から六世紀中頃にかけて、朝鮮半島の中南部において散在していた小国家群。

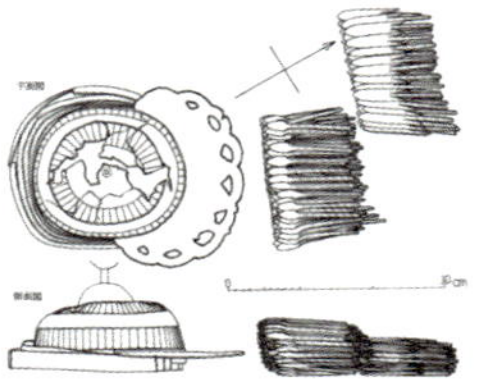

野中古墳眉庇付冑と鉄鏃の出土状態

F23 はざみ山《やま》古墳

野中宮山《のなかみややま》古墳のすぐ北にあり、府道堺羽曳野線をはさんで両者は並んでいるように見えますが、その向きは正反対です。墳丘長一〇三メートル、後円部直径六〇メートルの前方後円墳で盾形の周堀を持ちます。三段築成で、両側くびれ部に造出しがあります。墳丘斜面には葺石が施され、平坦面には円筒埴輪列がめぐっています。墳丘は戦前の土取りでかなり変形しており、さらに堀水の浸食などでひとまわり小さくなっています。店舗などが立ち並んでいる南側を除いて堤上を一周することができます。

埋葬施設は不明ですが、周辺の発掘調査で幅の広い堤が完周していることが確認されています。築造時期は五世紀前半と推定されています。国道一七〇号線（バイパス）の側道が少し曲がっているのは、堀と堤を避けて建設されたためです。堤の一部は道路の下になっています。

古墳データ

所在地：藤井寺市野中
墳丘の形：前方後円墳
墳丘長：１０３ｍ
築造時期：５世紀前半

F24 鉢塚古墳《はちづかこふん》

岡ミサンザイ古墳の後円部の北、主軸線の延長線上あります。市立藤井寺西幼稚園の裏ですが、幼稚園のほうからはよく見えません。西側から住宅街の中をまわり込むと、鉢塚古墳の側面に出ます。そこには解説板があり、全景が見通せて登ることもできます。

墳丘長六〇メートル、後円部直径三八メートルの前方後円墳で周囲に堀をめぐらせていますが、現在は埋め立てられ、幼稚園はその上に建っています。墳丘上に葺石が施された形跡はなく、埋葬施設や副葬品も知られていません。前方部正面の発掘調査で円筒埴輪が出土しており、その形式から五世紀後半、岡ミサンザイ古墳に近い時期に築造されたと考えられますが、陪塚かどうかは定かではありません。筆者はこのころになると巨大古墳に付属する陪塚はつくられなくなる時期と考えています。

古墳データ

所在地：藤井寺市藤井寺
墳丘の形：前方後円墳
墳丘長：60m
築造時期：5世紀後半

F25 岡《おか》ミサンザイ古墳《仲哀《ちゅうあい》天皇陵》

藤井寺駅の南約五〇〇メートルにあります。墳丘長二四二メートル、後円部直径一四八メートルの前方後円墳です。三段築成で、幅五〇メートルもある広い盾形の堀をめぐらせ、さらにそれを取り巻く幅三五メートルの周庭帯または二重目の堀が想定されています。墳丘は中世に城が築かれたため、かなり攪乱《かくらん》されています。

宮内庁の調査では、堤上に立てられた円筒埴輪列と築造当初の堤の状態が確認されています。本来の堤は自然の地形通り西側に高く、東側が低くなっていました。後円部の住宅街からは堀内を見通すことができないくらい堤が高くなっています。このことは後世、堀を灌漑《かんがい》用のため池として利用するため、堤を積み上げたものと考えられます。したがって、現在のように満々と水を湛える構造ではなかったようです。

一九九五年に発掘現場が陵墓関係学会に公開されました。東側くびれ部に造出し状の遺構に見えるものは、そのすべてが一六世紀の遺物を含む盛土であり、古墳の造出しでなく城郭施設

古墳データ

別称：仲哀天皇陵古墳、仲哀陵古墳、仲哀陵、恵我長野西陵
所在地：藤井寺市藤井寺
墳丘の形：前方後円墳
墳丘長：２４２ｍ
築造時期：５世紀後半

の一部であった可能性が指摘されました。城郭研究家の村田修三氏は、「城郭遺跡としては他に類を見ないほど残りのよい例である」とコメントしています。

周辺の調査で、円筒埴輪のほか形象埴輪（家、盾、船、馬、衣蓋、靫、人物形）が見つかっています。埋葬施設や副葬品の伝承はありませんが横穴式石室かもしれません。墳形や埴輪の形式から五世紀後半頃の築造と考えられ、仲哀天皇とは時代が合いません。**四八九年**に亡くなった雄略《ゆうりゃく》天皇の墓とする説もあります。

古墳は東側の墓地と北側の私有地を除いて一周することができます。後円部の西側にまわり込むと、コンクリート柵の間から周堀と墳丘を垣間見ることができます。目の前のススキを目隠しにすれば、堀の向こうにあるシュラホールが大海原を行く古代船に見えなくもありません。

岡ミサンザイ古墳とシュラホール

四八九年　『古事記』の崩年干支による。『日本書紀』では四七九年。

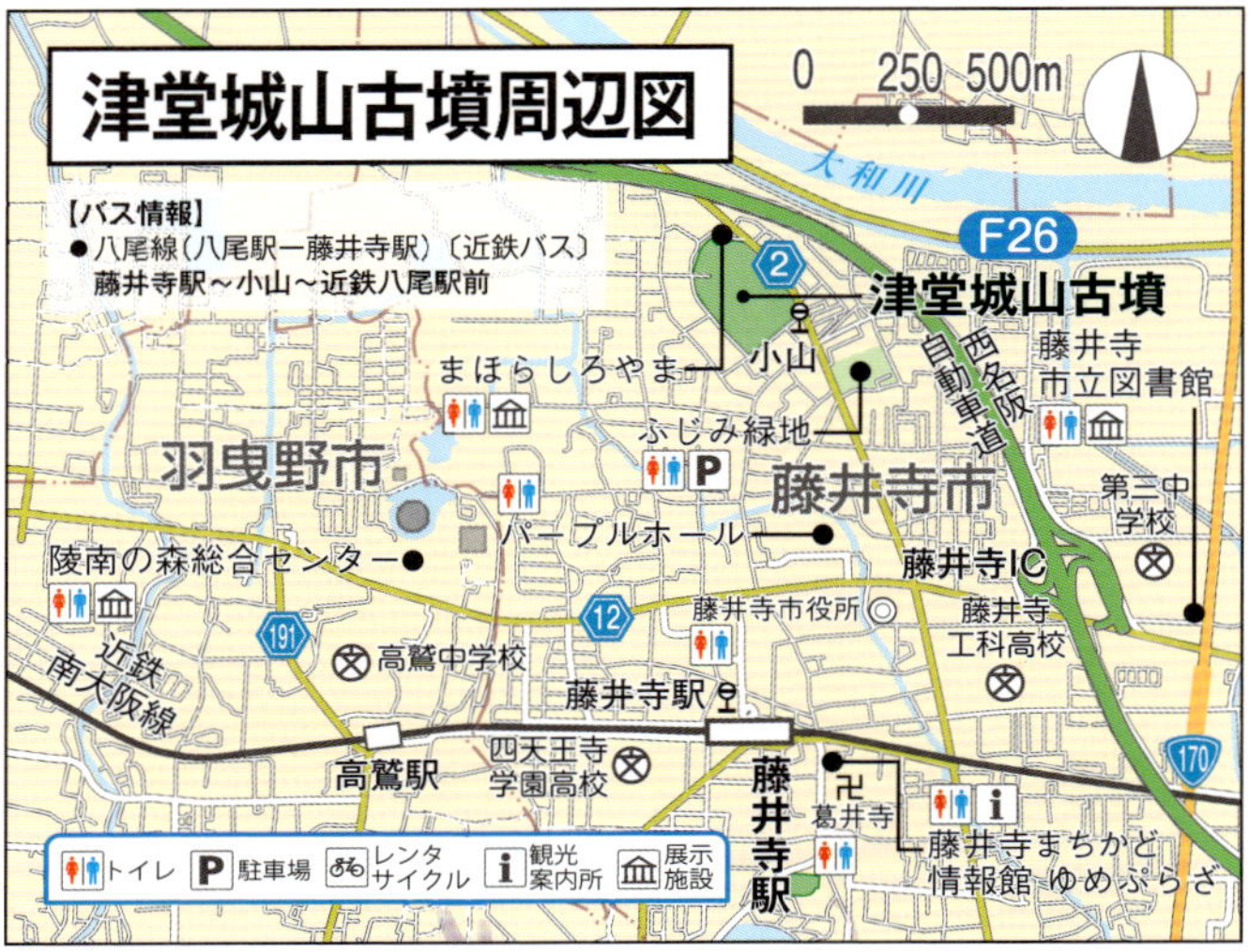

F26 津堂城山《つどうしろやま》古墳

●発見された埋葬施設

藤井寺駅から北へ約一キロ歩くと津堂城山古墳の前方部に出ます。藤井寺駅から**路線バス**を利用することもできます。

墳丘長二一〇メートル、後円部直径一二八メートルの前方後円墳です。二重の堀をめぐらせており、その敷地は約一四万七〇〇〇平方メートルもあります。室町時代に城が築かれていたため、墳丘はかなり傷んでいます。後円部の一部は宮内庁により陵墓参考地に指定されていますが、陵墓参考地も含めて国史跡です。

埋葬施設が発見されたのは一九一二年（大正元）のことです。埋葬施設は割石積《わりいしづみ》の竪穴式石槨の中に長持形石棺が納められていました。長持形石棺は六枚の板石（凝灰岩）を組み合わせており、蓋石《ふたいし》に亀甲紋が施されています。この石棺の模式図は考古学の概説書には必ずと言っ

古墳データ

別称：藤井寺陵墓参考地
所在地：藤井寺市津堂
墳丘の形：前方後円墳
墳丘長：２１０ｍ
築造時期：４世紀後半

路線バス　藤井寺駅（北口）から近鉄八尾駅前駅行きのバスで小山下車。

巴形銅器　弥生・古墳時代の青銅製飾り金具のひとつ。中空・半球状の本体から巴形に湾曲する数本の脚が出る。革製の盾や靫に装着した。

ていいほど登場します。

石棺内部には約一斗（約一八リットル）もの朱があったとのことです。出土遺物には次のようなものがあります。半三角縁《はんさんかくぶち》（斜縁）二神四獣鏡《にしんしじゅうきょう》、変形龍虎鏡《へんけいりゅうこきょう》、変形神獣鏡《へんけいしんじゅうきょう》、**巴形銅器**《ともえ》、方形銅板、円形銅製品、玉類（勾玉、管玉、臼玉《うすだま》、丸玉）、**車輪石**《しゃりんせき》、**鍬形石**《くわ》、石製模造品（刀子、剣、鏃形《やじり》）、刀、剣、刀剣装具、鉄鏃《てつぞく》、銅製**弓弭**《ゆはず》、同**矢筈**《やはず》、三角板革綴短甲地板《さんかくいたかわとじたんこうじいた》、埴輪、木棺片などです。二神四獣鏡は、それぞれ宮内庁と関西大学が破片を所蔵していましたが、三次元レーザー計測の結果、同一の鏡であることが明らかになりました。

竪穴式石槨は、墳丘主軸と平行する、ほぼ南北を向いて築かれており、その真上には現在、クスノキの大木があることが最近の調査で明らかになりました。埋葬施設は前方部にもあった可能性があります。

津堂城山古墳（1958年）

車輪石・鍬形石　古墳から発見される碧玉製の腕飾り様の遺物。車の輪のようにみえるのが車輪石、鍬の形に似ているのが鍬形石。貝輪を模してつくられたものといわれる。

弓弭・矢筈　弓弭は弓の両端にある弦の輪をかける部分。矢筈は矢の末端の弓の弦を受ける部分。

島状遺構

周庭帯と外部施設

飛行機を利用して大型古墳を観察していた末永雅雄氏が、内堀の外側に幅八〇メートルにも及ぶ区画があることを見つけ「周庭帯《しゅうていたい》」と命名しました。周庭帯は田畑の畦畔などに残されていますが、地上から観察することは困難です。最近の調査では周庭帯とされていた部分は内堤、外堀、外堤であることがわかりました。現在、その部分は住宅が建て込んでいますが、道路などに痕跡の一部が残されています。

一九八三年の調査で、東側くびれ部に造出しがあることがわかったほか、前方部の内堀内から一辺一七メートル、高さ一・五メートルの葺石を施した島状《しまじょう》の遺構が見つかりました。造出しからは家、衣蓋、盾形の形象埴輪が、また島状遺構からは三体の水鳥形埴輪が出土。よく似た例として、巣山《すやま》古墳の出島状《でじまじょう》遺構があります。衣蓋、家形の埴輪とともに水鳥形埴輪も三体配されています。巣山古墳は津堂城山古墳と同時代の古

水鳥形埴輪

衣蓋形埴輪

墳ですので、当時の祭祀の仕方に共通点を見いだすことができます。水鳥形埴輪は、のちに国の重要文化財に指定され、衣蓋形埴輪とともにシュラホールに展示されています。そのほか内堤から**翳**《さしば》形埴輪も出土しています。

一九九一年度の**地中物理探査**で、造出しと島状遺構は西側にも存在することがわかりました。

●古市古墳群で最初につくられた巨大古墳

津堂城山古墳は、埋葬施設や埴輪など出土遺物から四世紀後半に築造されたと推定されます。古墳群の中心は段丘上にありますが、津堂城山古墳が築かれているのは氾濫原とか沖積地と呼ばれる低地部です。

津堂城山古墳と同時期につくられた古墳に、佐紀《さき》古墳群の五社神《ごさし》古墳があります。墳丘長では津堂城山古墳をしのぐ大きさなので、当時の大王の墓は後者のほうというのが一般的な見方ですが、津堂城山古墳こそ大王の墓であるとする説もあります。津堂城山古墳の被葬者については、仲哀天皇、応神天皇、日本武尊（または同時代の皇族）などの説があります。

●まほらしろやまと花畑

後円部の先にガイダンス施設「まほらしろやま」があります。津堂城山古墳から出土した埴輪や土器を展示し、イラストや写真、映像でわかりやすく解説しています。入館は無料ですが、月・火曜日および年末年始は休館日です。ただし、トイレはいつでも利用できます。石槨の蓋石は、施設の前に集められ展示されています。屋根の上には鴟尾《しび》の代わりに水鳥形埴輪のレプリカが乗っていますのでお見逃しなく。

春には墳丘と堤上に桜が咲き誇り、花見の名所になっています。周堀は菜の花、睡蓮《すいれん》、花《はな》菖蒲《しょうぶ》、コスモスなど四季折々の花が楽しめます。島状遺構は盛土によって地上表示され、まわりにユキヤナギが植えられています。また、墳丘上には梅の木がたくさんありますが、よく見ると植樹した人や団体の名札がついています。誕生、入学、結婚、創立、発足などの記念に植えられたものであることがわかります。

翳　鳥の羽などで扇形につくり、長い柄をつけたもの。貴人の行列などでさしかけ、威儀を正した。

地中物理探査　地中に電流やレーザーをあて、地下遺構の状況を探ること。

墳丘上の桜

資料編　絵図に描かれた古墳コレクション

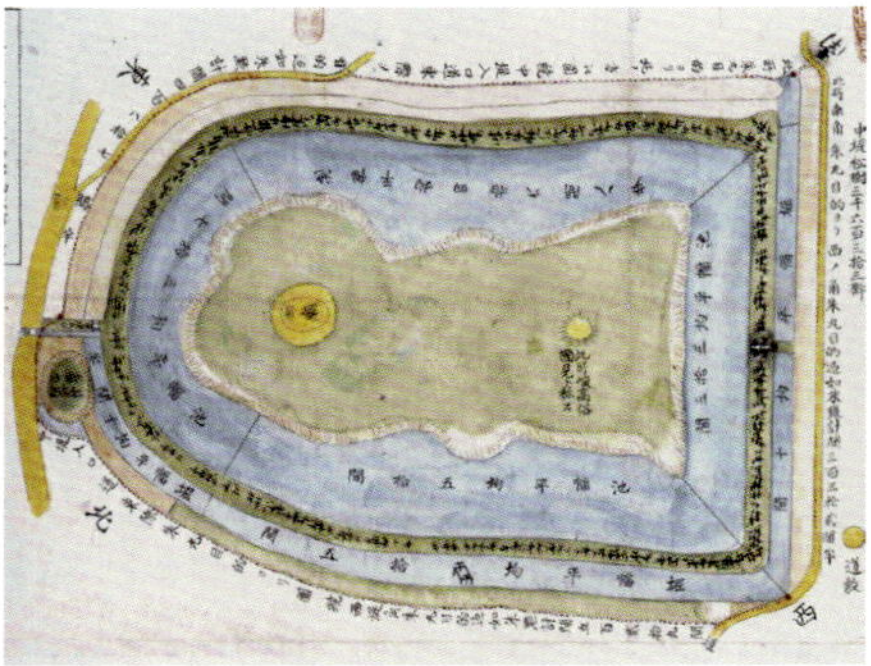

仁徳天皇御陵絵図（明治６年、堺市立中央図書館蔵）

堺名所（明治36年、堺市立中央図書館蔵）

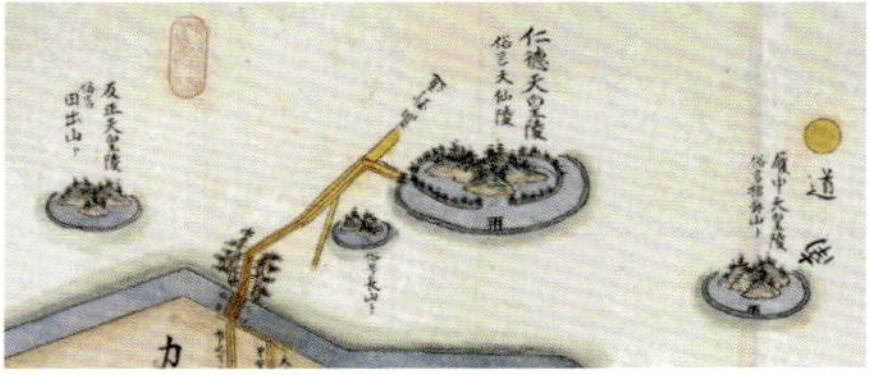

小笠原様大仙陵拝参海岸順路図（文久３年、堺市立中央図書館蔵）

大仙陵絵図（享保年間、大正14年写、堺市立中央図書館蔵）

大山古墳（大仙陵）・田出井山古墳ほか。堺大絵図改正綱目（享保20年、国立国会図書館蔵）

御陵画帖
（文久年間、国立公文書館蔵）

岡ミサンザイ古墳（仲哀天皇陵。修陵後）

岡ミサンザイ古墳（仲哀天皇陵。修陵前）

誉田山古墳（応神天皇陵。修陵後）

誉田山古墳（応神天皇陵。修陵前）

市野山古墳（允恭天皇陵。修陵後）

市野山古墳（允恭天皇陵。修陵前）

大山古墳（仁徳天皇陵。修陵後）

大山古墳（仁徳天皇陵。修陵前）

石津ケ丘古墳（履中天皇陵。修陵後）

石津ケ丘古墳（履中天皇陵。修陵前）

田出井山古墳（反正天皇陵。修陵後）

田出井山古墳（反正天皇陵。修陵前）

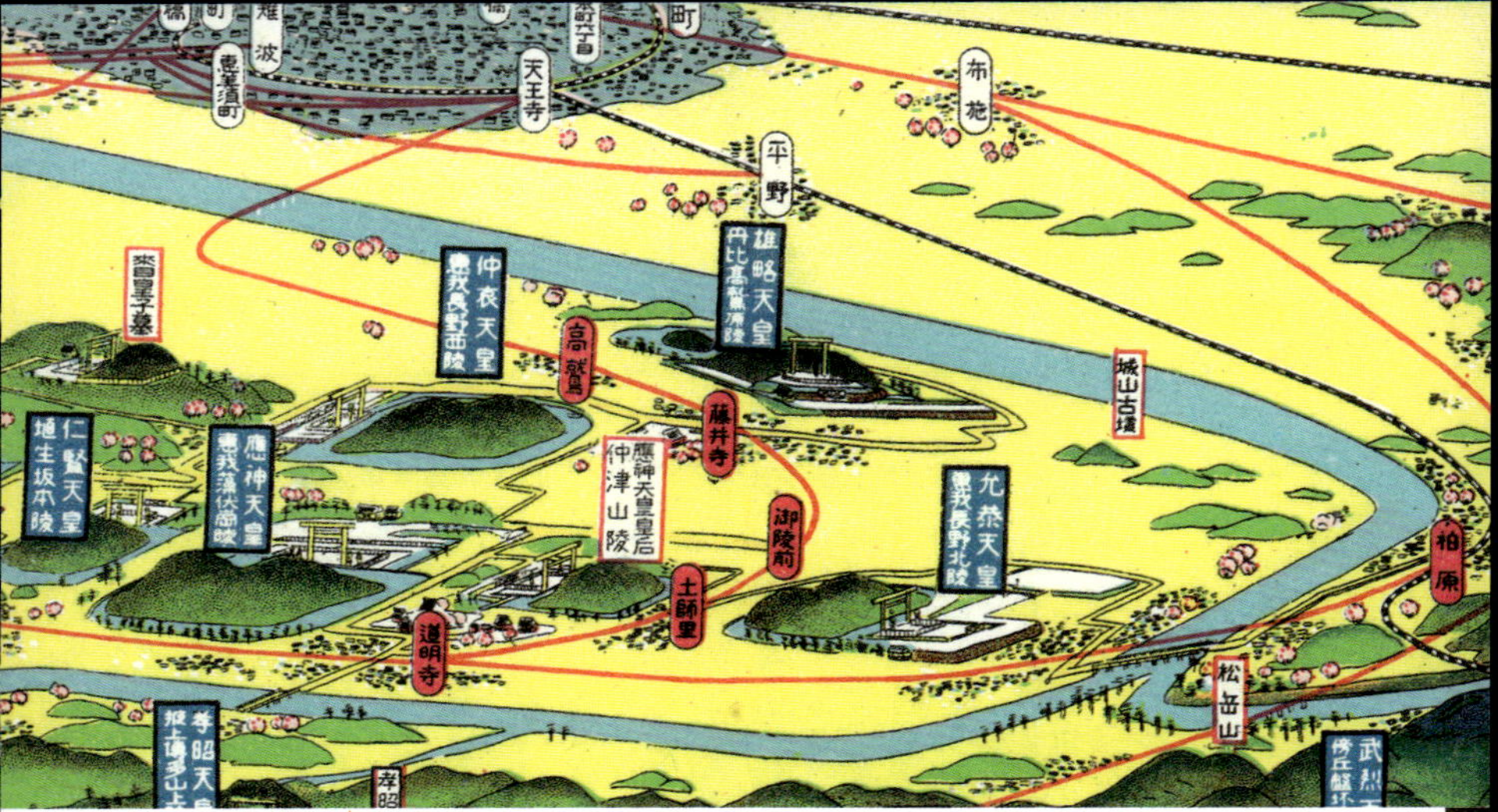

全体図（これ以外はすべて部分拡大図）

歴代御陵巡拝図会

（吉田初三郎作、昭和3年、創元社資料室蔵）

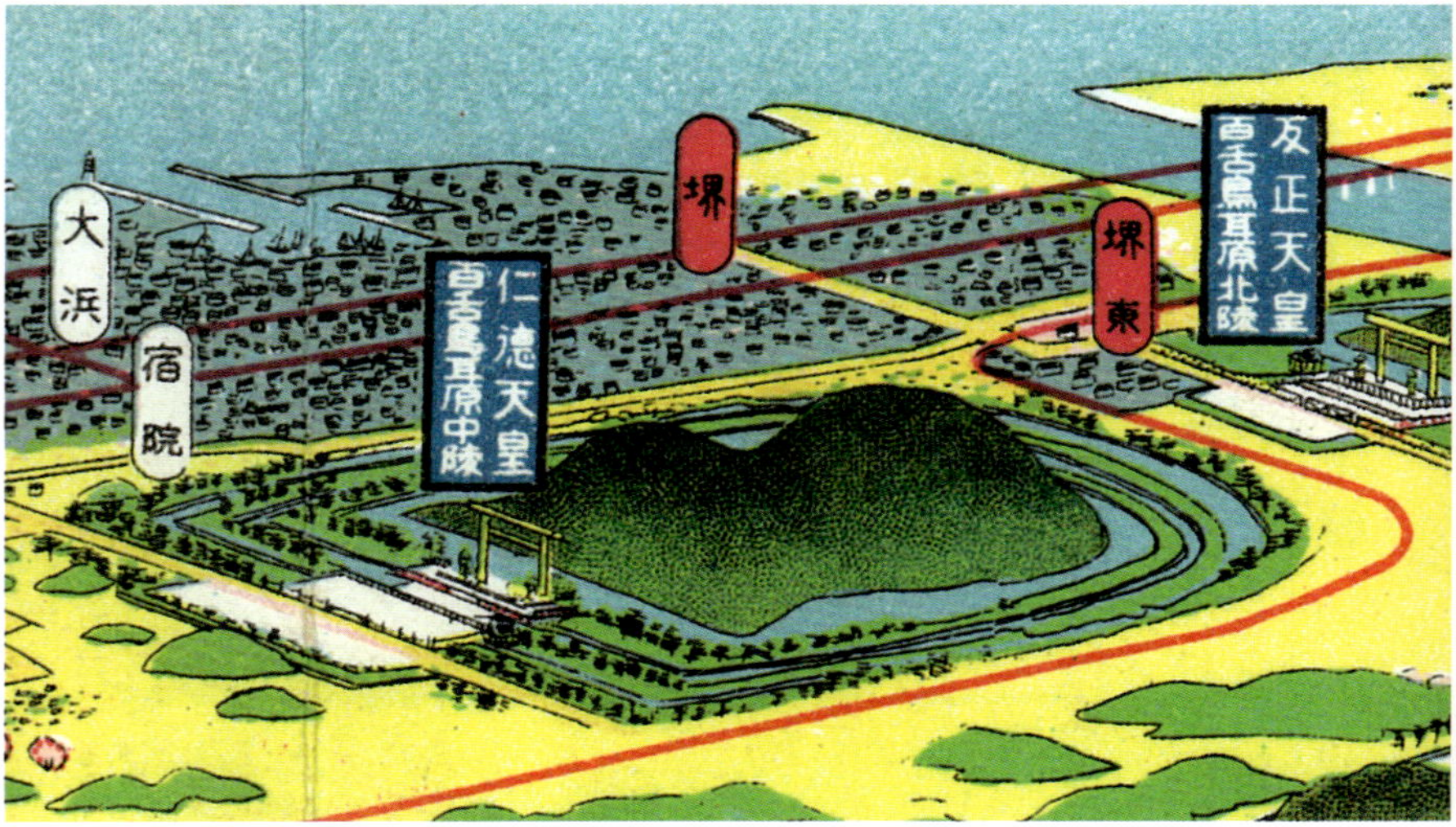

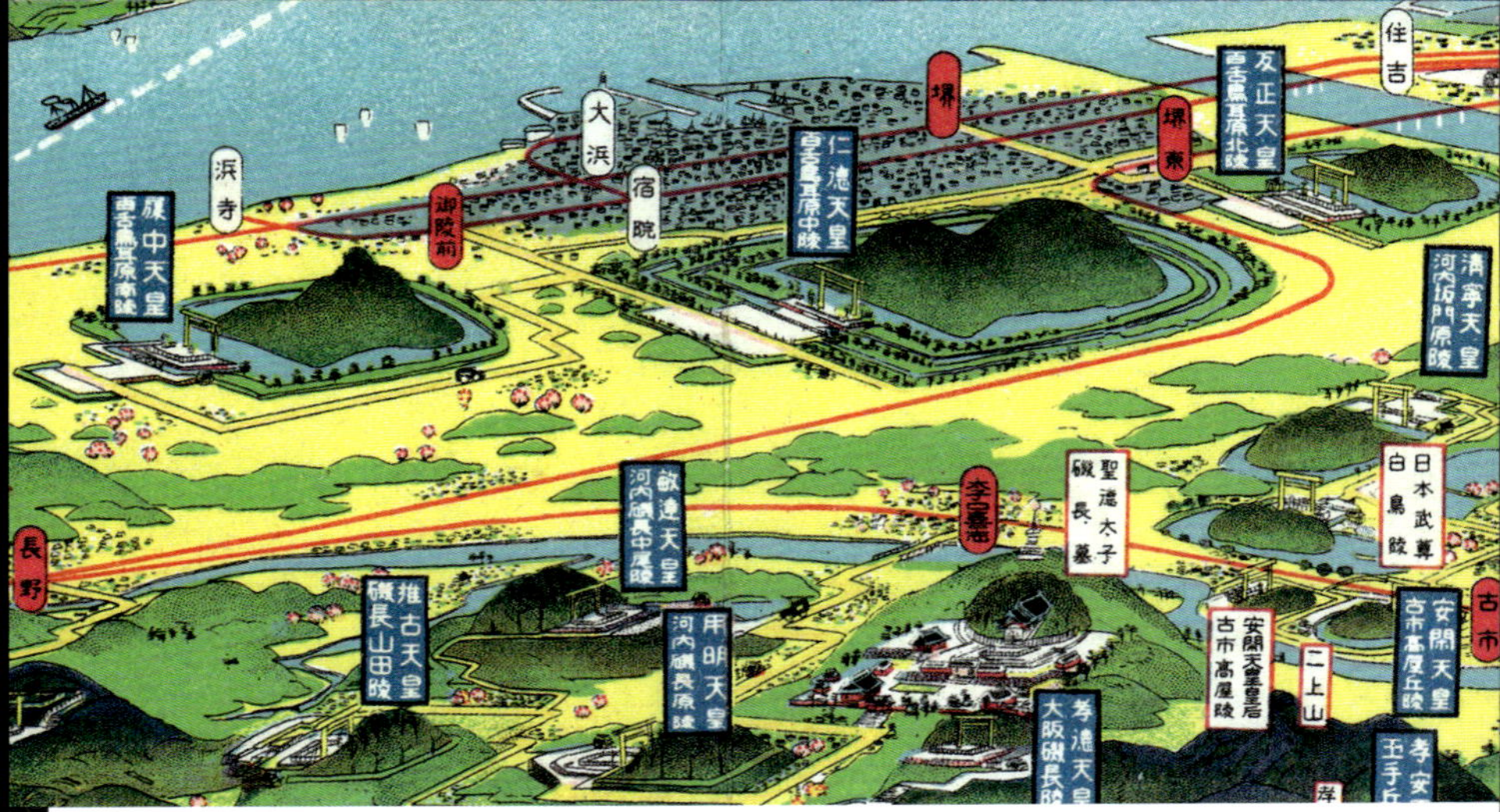
住吉
反正天皇 百舌鳥耳原北陵
堺東
堺
大浜
宿院
仁徳天皇 百舌鳥耳原中陵
御陵前
浜寺
履中天皇 百舌鳥耳原南陵
清寧天皇 河内坂門原陵
日本武尊 白鳥陵
聖徳太子 磯長墓
喜志
敏達天皇 河内磯長中尾陵
長野
推古天皇 磯長山田陵
用明天皇 河内磯長原陵
孝徳天皇 大阪磯長陵
安閑天皇皇后 古市高屋陵
二上山
安閑天皇 古市高屋丘陵
古市

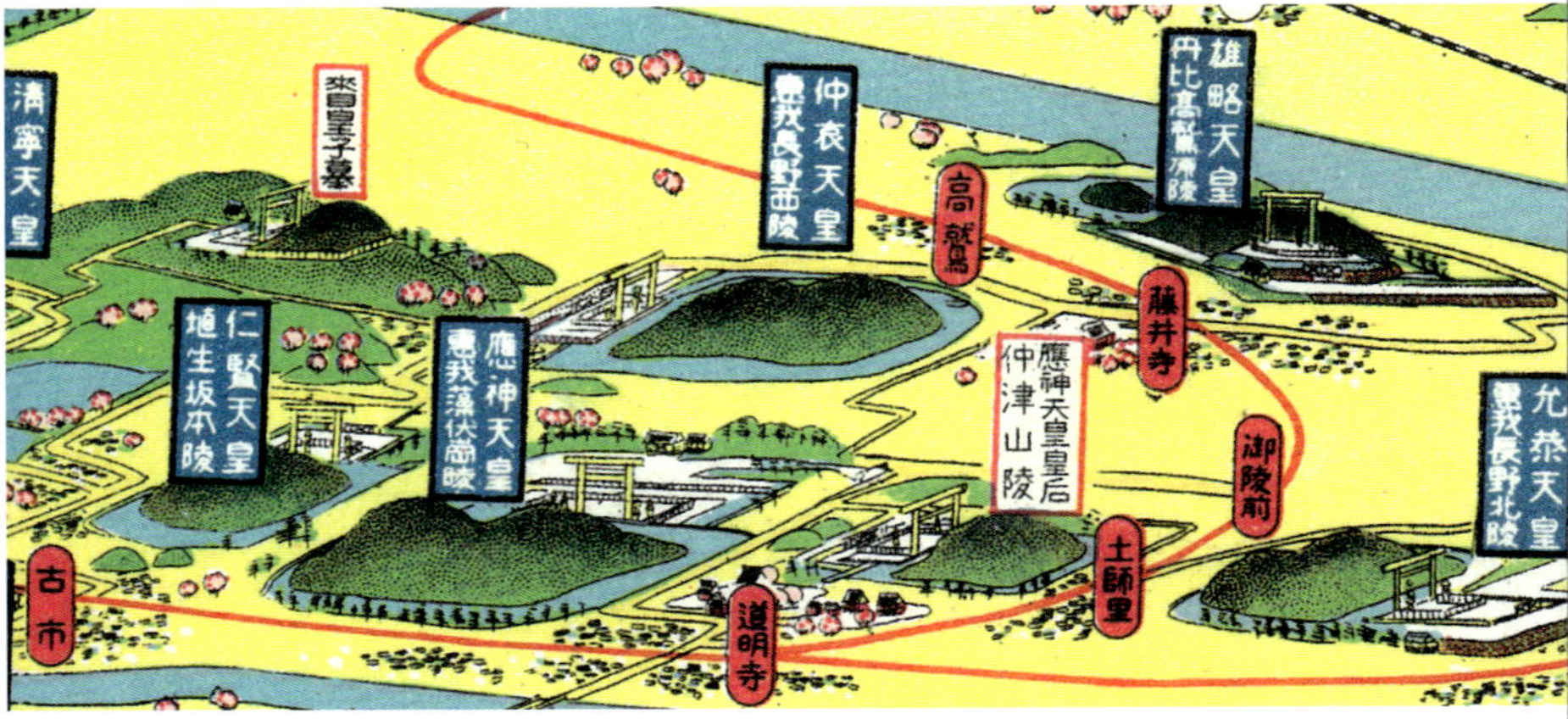
清寧天皇
来目皇子墓
仲哀天皇 恵我長野西陵
雄略天皇 丹比高鷲原陵
高鷲
藤井寺
仁賢天皇 埴生坂本陵
応神天皇 恵我藻伏崗陵
応神天皇皇后 仲津山陵
御陵前
允恭天皇 恵我長野北陵
古市
土師里
道明寺

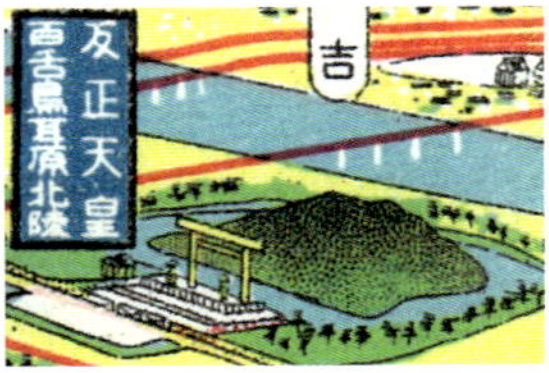
反正天皇 百舌鳥耳原北陵
吉

城山古墳

浜寺
履中天皇 百舌鳥耳原南陵
御陵前

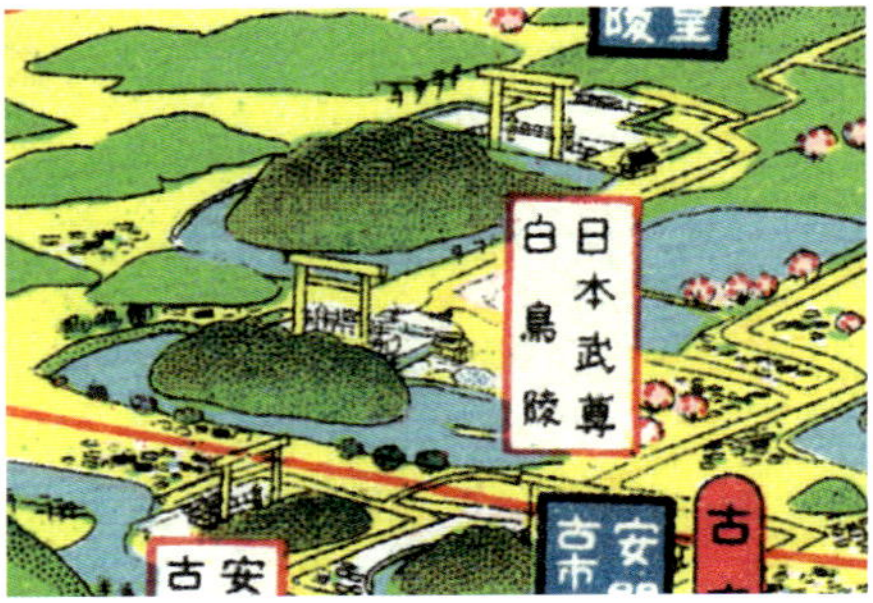
日本武尊 白鳥陵

資料編　百舌鳥・古市古墳群全案内 （五十音順）

百舌鳥・古市古墳群は、世界遺産に登録された49基の古墳以外にも多数の古墳で構成されています。百舌鳥古墳群が現存44基、消滅61基の計105基、古市古墳群が現存46基、消滅86基の計132基で、ここでは資料編として総計237基の古墳を一覧表として掲載します。これら両古墳群の全古墳について詳しく知りたい方は、現存・消滅すべての古墳を紹介した『百舌鳥古墳群をあるく』『古市古墳群をあるく』（ともに創元社刊）を参照ください。

百舌鳥古墳群の現存古墳 （半壊・整備含む）

＊1　は前方後円墳（帆立貝形古墳も含む）、●は円墳、■は方墳を示す

墳丘の形（＊1）	名　称	所在地	本書での主な紹介頁
前方後円墳	石津ケ丘古墳《履中天皇陵》	堺市西区石津ケ丘	63
前方後円墳	いたすけ古墳	堺市北区百舌鳥本町	54
前方後円墳	収塚古墳	堺市堺区百舌鳥夕雲町	41
円墳	鏡塚古墳	堺市北区百舌鳥赤畑町	
前方後円墳	かぶと塚古墳	堺市西区上野芝町	
円墳	狐山古墳	堺市堺区大仙中町	
円墳	経堂古墳	堺市堺区南陵町	
円墳	グワショウ坊古墳	堺市堺区百舌鳥夕雲町	
円墳	源右衛門山古墳	堺市堺区向陵西町	32
前方後円墳	御廟表塚古墳	堺市北区中百舌鳥町	
前方後円墳	御廟山古墳	堺市北区百舌鳥本町	50
前方後円墳	菰山塚古墳	堺市堺区南丸保園	37
円墳	七観音古墳	堺市堺区旭ケ丘北町	62
前方後円墳	定の山古墳	堺市北区百舌鳥梅町	
円墳	正楽寺山古墳	堺市北区百舌鳥陵南町	
方墳	鈴山古墳	堺市堺区北三国ケ丘町	
前方後円墳	銭塚古墳（＊2）	堺市東区東上野芝町	58
方墳	善右ヱ門山古墳	堺市北区百舌鳥本町	53
円墳	大安寺山古墳	堺市堺区大仙町	33
前方後円墳	大山古墳《仁徳天皇陵》	堺市堺区大仙町	26
前方後円墳	竜佐山古墳	堺市堺区大仙中町	39
前方後円墳	田出井山古墳《反正天皇陵》	堺市堺区北三国ケ丘町	67
前方後円墳	乳岡古墳	堺市堺区石津町	
円墳	茶山古墳	堺市堺区大仙町	34
円墳	鎮守山塚古墳	堺市北区百舌鳥赤畑町	
円墳	塚廻古墳	堺市堺区百舌鳥夕雲町	43
方墳	寺山南山古墳	堺市西区上野芝町	60
方墳	天王古墳	堺市堺区北三国ケ丘町	
方墳	銅亀山古墳	堺市堺区大仙町	38
円墳	ドンチャ山古墳	堺市北区百舌鳥陵南町	
前方後円墳	長塚古墳	堺市堺区百舌鳥夕雲町	42
前方後円墳	永山古墳	堺市堺区東永山園	35
前方後円墳	ニサンザイ古墳	堺市北区百舌鳥西之町	46
円墳	西酒呑古墳	堺市堺区旭ケ丘南町	
前方後円墳	旗塚古墳	堺市堺区百舌鳥夕雲町	59
円墳	東上野芝町1号墳	堺市堺区東上野芝町	
円墳	東酒呑古墳	堺市堺区旭ケ丘南町	
前方後円墳	檜塚古墳	堺市堺区石津北町	
円墳	樋の谷古墳	堺市堺区大仙町	
円墳	坊主山古墳	堺市北区百舌鳥赤畑町	
前方後円墳	孫太夫山古墳	堺市堺区百舌鳥夕雲町	40
前方後円墳	丸保山古墳	堺市堺区北丸保園	36
前方後円墳	万代山古墳	堺市北区百舌鳥赤畑町	
前方後円墳	文珠塚古墳	堺市西区上野芝向ケ丘町	

（以下、同名の古墳が複数存在するため所在地を付記して区別した）

＊2　大阪府立堺支援学校内に所在する

百舌鳥古墳群の消滅古墳

名　称	所在地
赤山古墳（＊3）	堺市北区百舌鳥西之町
尼塚古墳	堺市北区中百舌鳥町
石塚古墳（無名塚10号墳）	堺市西区上野芝町
一本松古墳	堺市堺区綾西通
一本松塚古墳	堺市北区百舌鳥本町
上野芝町１号墳	堺市西区上野芝町
上野芝町２号墳	堺市西区上野芝町
榎古墳	堺市堺区榎元町
大塚山古墳	堺市西区上野芝町
カトンボ山古墳	堺市北区百舌鳥赤畑町
賀仁山古墳	堺市北区中百舌鳥町
亀塚古墳	堺市西区上野芝町
狐塚古墳（＊4）	堺市西区上野芝町
狐塚古墳（＊5）	堺市堺区百舌鳥夕雲町
狐塚古墳（無名塚13号墳）（＊6）	堺市堺区霞ケ丘町
木下山古墳	堺市北区中百舌鳥町
経塚古墳（京塚山古墳）（＊7）	堺市中区土師町
ギンベ山古墳	堺市中区土師町
こうじ山古墳	堺市北区百舌鳥西之町
黄金山塚古墳	堺市西区上野芝向ケ丘町
吾呂茂塚古墳	堺市北区百舌鳥本町
七観古墳（七観山古墳）	堺市堺区旭ケ丘中町
七郎姫古墳	堺市中区土師町
城ノ山古墳	堺市北区百舌鳥西之町
銭塚古墳（＊8）	堺市北区百舌鳥赤畑町
旅塚古墳	堺市堺区南陵町
ツクチ山古墳	堺市中区土師町
土山古墳	堺市中区土師町
ド塚古墳	堺市西区上野芝町
鳶塚古墳	堺市堺区百舌鳥夕雲町
長山古墳	堺市堺区東湊町・協和町
ナゲ塚古墳（無名塚23号墳）	堺市北区百舌鳥陵南町
八幡塚古墳	堺市北区百舌鳥赤畑町
ハナシ山古墳	堺市中区土師町
原山古墳	堺市堺区百舌鳥夕雲町
播磨塚古墳	堺市北区百舌鳥本町
平井塚古墳	堺市北区百舌鳥陵南町
文山古墳	堺市北区百舌鳥陵南町
万代寺山古墳	堺市北区百舌鳥赤畑町
無名塚１号墳	堺市堺区榎元町
無名塚２号墳	堺市堺区榎元町・中永山園
無名塚４号墳	堺市堺区東湊町
無名塚５号墳	堺市堺区東湊町
無名塚６号墳	堺市堺区東湊町
無名塚７号墳	堺市堺区旭ケ丘中町・旭ケ丘南町
無名塚12号墳	堺市堺区霞ケ丘町
無名塚14号墳	堺市西区上野芝町
無名塚15号墳	堺市西区上野芝町
無名塚16号墳	堺市北区百舌鳥梅北町
無名塚17号墳	堺市北区百舌鳥梅北町
無名塚18号墳	堺市北区中百舌鳥町
無名塚19号墳	堺市北区百舌鳥本町
無名塚20号墳	堺市北区百舌鳥本町
無名塚21号墳	堺市北区百舌鳥本町
無名塚22号墳	堺市北区百舌鳥赤畑町

茂右衛門山古墳	堺市堺区百舌鳥夕雲町
百舌鳥赤畑町１号墳	堺市北区百舌鳥赤畑町
百舌鳥夕雲町１号墳	堺市堺区百舌鳥夕雲町
鼬塚古墳（無名塚３号墳）	堺市北区百舌鳥赤畑町
湯の山古墳	堺市北区百舌鳥陵南町
渡矢古墳	堺市北区中百舌鳥町

（以下、同名の古墳が複数存在するため所在地を付記して区別した）

＊3　堺市立百舌鳥支援学校の正門前に所在した

＊4　石津ケ丘古墳の東南に隣接して所在した

＊5　長塚古墳の南に隣接して所在した

＊6　経堂古墳の西約400mに所在した

＊7　ニサンザイ古墳の東南に隣接して所在した

＊8　坊主山古墳の南約200mに所在した

古市古墳群の現存古墳（半壊・整備含む）

＊1　●◀は前方後円墳（帆立貝形古墳も含む）、●は円墳、■は方墳を示す

墳丘の形（＊1）	名称	所在地	本書での主な紹介頁
●	青山古墳（青山1号墳）	藤井寺市青山	100
●◀	市野山古墳《允恭天皇陵》	藤井寺市国府	91
●◀	稲荷塚古墳	藤井寺市野中	
●	衣縫塚古墳	藤井寺市国府	
●◀	大鳥塚古墳	藤井寺市古室	83
●◀	岡ミサンザイ古墳《仲哀天皇陵》	藤井寺市藤井寺	108
●◀	唐櫃山古墳	藤井寺市国府	
●◀	河内大塚山古墳	羽曳野市南恵我之荘・松原市西大塚	
■	栗塚古墳	羽曳野市誉田	79
●◀	小白髪山古墳	羽曳野市西浦	
●◀	古室山古墳	藤井寺市古室	84
●	誉田丸山古墳	羽曳野市誉田	82
●◀	誉田山古墳《応神天皇陵》	羽曳野市誉田	74
（不明）	サンド山古墳	藤井寺市藤ケ丘	
■	島泉平塚古墳《雄略天皇陵》	羽曳野市島泉	
●	島泉丸山古墳（高鷲丸山古墳）《雄略天皇陵》	羽曳野市島泉	
■	浄元寺山古墳	藤井寺市青山	101
●◀	白髪山古墳《清寧天皇陵》	羽曳野市西浦	
■	助太山古墳（三ツ塚古墳）	藤井寺市道明寺	85
■	赤面山古墳	藤井寺市古室	
●◀	高屋築山古墳（高屋城山古墳）《安閑天皇陵》	羽曳野市古市	
●◀	高屋八幡山古墳《春日山田皇女陵》	羽曳野市古市	
●◀	津堂城山古墳	藤井寺市津堂	110
●◀	仲津山古墳《仲姫命陵》	藤井寺市沢田	88
■	中山塚古墳（三ツ塚古墳）	藤井寺市道明寺	85
■	鍋塚古墳	藤井寺市沢田	90
■	西馬塚古墳	羽曳野市白鳥	103
■	野中古墳	藤井寺市野中	105
●◀	野中ボケ山古墳《仁賢天皇陵》	藤井寺市青山	
●◀	野中宮山古墳	藤井寺市野中	
■	野々上古墳	藤井寺市青山	
●◀	墓山古墳	羽曳野市白鳥	102
●◀	はざみ山古墳	藤井寺市野中	106
●◀	鉢塚古墳	藤井寺市藤井寺	107
■	隼人塚古墳	羽曳野市島泉	

●	蕃所山古墳	藤井寺市藤ケ丘	
■	東馬塚古墳	羽曳野市誉田	80
■	東山古墳	藤井寺市野中	78
◖	二ツ塚古墳	羽曳野市誉田	81
◖	前の山古墳（軽里大塚古墳） 《日本武尊白鳥陵》	羽曳野市軽里	96
■	松川塚古墳	藤井寺市古室	
◖	峯ケ塚古墳	羽曳野市軽里	99
●	宮の南塚古墳	藤井寺市国府	
■	向墓山古墳	羽曳野市白鳥	104
■	八島塚古墳（三ツ塚古墳）	藤井寺市道明寺	85
■	割塚古墳	藤井寺市藤井寺	

古市古墳群の消滅古墳

名　称	所在地
青山２号墳	藤井寺市青山
青山３号墳	藤井寺市青山
青山４号墳	藤井寺市青山
青山５号墳	藤井寺市青山
青山６号墳	藤井寺市青山
青山７号墳	藤井寺市青山
赤子塚古墳	藤井寺市林
アリ山古墳	藤井寺市野中
今井塚古墳（はざみ山１号墳）	藤井寺市野中
兎塚１号墳	藤井寺市国府
兎塚２号墳	藤井寺市国府
越中塚古墳	藤井寺市野中
狼塚古墳（土師の里10号墳）	藤井寺市道明寺
岡古墳	藤井寺市藤井寺
落塚古墳	羽曳野市野々上
折山古墳	藤井寺市林
御曹子塚古墳	藤井寺市道明寺
軽里２号墳	羽曳野市軽里
軽里３号墳	羽曳野市軽里
軽里４号墳	羽曳野市軽里
北大蔵古墳（林11号墳）	藤井寺市沢田
久米塚古墳	羽曳野市軽里
鞍塚古墳	藤井寺市道明寺
小具足塚古墳	藤井寺市沢田
五手治古墳	羽曳野市野々上
小森塚古墳	藤井寺市道明寺
沢田古墳（林２号墳）	藤井寺市沢田
サンド山２号墳（はざみ山２号墳）	藤井寺市藤ケ丘
志貴県主神社南古墳（惣社１号墳）	藤井寺市惣社
下田池古墳（はざみ山３号墳）	藤井寺市野中
珠金塚古墳	藤井寺市道明寺
珠金塚西古墳（土師の里７号墳）	藤井寺市道明寺
尻矢古墳（林12号墳）	藤井寺市古室
次郎坊古墳（林３号墳）	藤井寺市古室
次郎坊２号墳（林９号墳）	藤井寺市沢田
城不動坂古墳	羽曳野市古市
翠鳥園１号墳	羽曳野市翠鳥園
翠鳥園２号墳	羽曳野市翠鳥園
翠鳥園９号墳	羽曳野市翠鳥園
翠鳥園10号墳	羽曳野市翠鳥園
翠鳥園12号墳	羽曳野市翠鳥園

大正橋１号墳	藤井寺市小山
大半山古墳	羽曳野市野々上
高塚山古墳	藤井寺市沢田
盾塚古墳	藤井寺市道明寺
茶臼塚古墳	藤井寺市野中
茶山１号墳	羽曳野市誉田
潮音寺北古墳	藤井寺市国府
塚穴古墳（土師の里６号墳）	藤井寺市道明寺
殿町古墳	藤井寺市小山
長持山古墳	藤井寺市沢田
長屋１号墳（惣社２号墳）	藤井寺市惣社
長屋２号墳（惣社３号墳）	藤井寺市惣社
西楠古墳（土師の里１１号墳）	藤井寺市道明寺
西清水古墳（土師の里５号墳）	藤井寺市道明寺
西清水２号墳（土師の里12号墳）	藤井寺市道明寺
西代１号墳	藤井寺市小山
西代２号墳	藤井寺市小山
西出口古墳（林13号墳）	藤井寺市古室
西墓山古墳	藤井寺市青山
西山古墳	羽曳野市軽里
白鳥１号墳	羽曳野市白鳥
白鳥２号墳	羽曳野市白鳥
土師の里１号墳	藤井寺市道明寺
土師の里２号墳	藤井寺市道明寺
土師の里８号墳	藤井寺市道明寺
土師の里９号墳	藤井寺市道明寺
バチ塚古墳（林６号墳）	藤井寺市沢田
蕃上山古墳	藤井寺市野中
東楠古墳（土師の里４号墳）	藤井寺市道明寺
ヒバリ塚古墳（林４号墳）	藤井寺市林
葛井寺１号墳	藤井寺市岡
葛井寺２号墳	藤井寺市岡
葛井寺３号墳	藤井寺市岡
藤ケ丘１号墳	藤井寺市藤ケ丘
藤の森古墳	藤井寺市野中
古地古墳（林５号墳）	藤井寺市沢田
水塚古墳	羽曳野市軽里
道端古墳（土師の里３号墳）	藤井寺市道明寺
元屋敷古墳（林１号墳）	藤井寺市林
矢倉古墳（野々上１号墳）	羽曳野市野々上
屋敷中１号墳（林７号墳）	藤井寺市沢田
屋敷中２号墳（林８号墳）	藤井寺市沢田
屋敷中３号墳（林10号墳）	藤井寺市沢田
横江山古墳（小山１号墳）	藤井寺市津堂
若子塚古墳（軽里１号墳）	羽曳野市軽里

参考文献（発行年順）

- 森浩一『古墳の発掘』中公新書、１９６５年
- 大阪府『大阪府史　第1巻　古代編１』１９７８年
- 石部正志『大阪の古墳（大阪文庫２）』松籟社、１９８０年
- 近藤義郎『前方後円墳の時代（日本歴史叢書）』岩波書店、１９８３年
- 中井正弘『仁徳陵――この巨大な謎』創元社、１９９２年
- 藤井寺市教育委員会『新版　古市古墳群（藤井寺の遺跡ガイドブック６）』１９９３年
- 藤井寺市教育委員会『古市古墳群の成立（藤井寺の遺跡ガイドブック１０）』１９９９年
- 陵墓限定公開20回記念シンポジウム実行委員会『日本の古墳と天皇陵』同成社、２０００年
- 藤井寺市教育委員会『津堂城山古墳――巨大な古墳の謎にせまる（藤井寺の遺跡ガイドブック１２）』２００２年
- 一瀬和夫『古墳時代のシンボル　仁徳陵古墳（シリーズ「遺跡を学ぶ」０５５）』新泉社、２００９年
- 今井堯『天皇陵の解明――閉ざされた「陵墓」古墳』新泉社、２００９年
- 石部正志『古墳は語る――最新の成果で学び、楽しむ初期国家の時代（未来への歴史）』かもがわ出版、２０１２年
- 堺市文化財課『徹底分析・仁徳陵古墳――巨大前方後円墳の実像を探る』２０１２年
- 「陵墓限定公開」30周年記念シンポジウム実行委員会『「陵墓」を考える――陵墓公開運動の３０年』新泉社、２０１２年
- 堺市文化財課『巨大古墳あらわる――履中天皇陵古墳を考える』２０１５年
- 堺市文化財課『新たな百舌鳥古墳群像をめぐって』２０１６年
- 今尾文昭・高木博志編『世界遺産と天皇陵古墳を問う』思文閣出版、２０１７年
- 堺市文化財課『倭の五王と百舌鳥古市古墳群――東アジアからみた巨大古墳』２０１８年
- 宮川徏『よみがえる百舌鳥古墳群――失われた古墳群の実像に迫る』新泉社、２０１８年
- 堺市文化財課『堺の文化財　百舌鳥古墳群（第８版）』２０１９年

図版出典一覧（特記外は著者作成・撮影、編集部作成）

13頁上　広瀬和雄『前方後円墳国家』（角川選書）をもとに作図・着色
14頁中（2点）　藤井寺市教育委員会蔵
14頁左　広島県教育委員会・広島県埋蔵文化財センター「松ケ迫遺跡発掘調査報告」
15頁上　『第2回百舌鳥・古市古墳群世界文化遺産登録推進国際シンポジウム』（百舌鳥・古市古墳群世界文化遺産登録推進本部会議）（一部改変）
15頁左下　末永雅雄・嶋田曉・森浩一「和泉黄金塚古墳」（日本考古学報告第五冊、一部改変）
26頁　PIXTA
27頁　『第2回百舌鳥・古市古墳群世界文化遺産登録推進国際シンポジウム』（百舌鳥・古市古墳群世界文化遺産登録推進本部会議）
28頁（上2点）　八王子市郷土資料館蔵
28頁（下2点）　堺市博物館蔵
29頁（3点）　宮内庁陵墓調査室「仁徳天皇百舌鳥耳原中陵の墳丘外形調査及び出土品」（書陵部紀要52）
51頁上　堺市教育委員会『百舌鳥古墳群の調査5』
52頁右下　堺市教育委員会『百舌鳥古墳群の調査5』
52頁左下　堺市文化財課蔵（一部改変）
55頁　堺市教育委員会『百舌鳥古墳群の調査6』
63頁　堺市教育委員会『百舌鳥古墳群の調査6』
74頁　PIXTA
75頁　古市古墳群世界文化遺産登録推進連絡会議「古市古墳群測量図集成」（一部改変）
92頁　末永雅雄『古墳の航空大観』（学生社、一部改変）
98頁上　古市古墳群世界文化遺産登録推進連絡会議「古市古墳群測量図集成」（一部改変）
98頁下　大阪府立近つ飛鳥博物館蔵
99頁下　羽曳野市教育委員会蔵
105頁下　北野耕平「河内野中古墳の研究」（大阪大学文学部国史研究室研究報告第二冊）
111頁下　末永雅雄『古墳の航空大観』（学生社）
112頁右下・左下（2点）　藤井寺市教育委員会蔵

索引（**太字**は本書での主な紹介頁）

著者略歴

久世仁士（くぜ・ひとし）

一九四七年大阪府泉南市生まれ。法政大学文学部史学科卒業。泉大津市教育委員会参事・文化財係長を歴任後、現在、文化財保存全国協議会常任委員、大阪府文化財愛護推進委員、日本考古学協会会員。著書『百舌鳥古墳群をあるく』（創元社）、共著書『新版遺跡保存の辞典』（平凡社）、『世界遺産と天皇陵古墳を問う』（思文閣出版）。

世界遺産《せかいいさん》　百舌鳥《もず》・古市《ふるいち》古墳群《こふんぐん》をあるく

ビジュアルＭＡＰ全案内《ぜんあんない》

二〇一九年八月二〇日　第一版第一刷発行

著　者　久世仁士
編　者　創元社編集部
発行者　矢部敬一
発行所　株式会社　創元社
〈本　社〉〒五四一-〇〇四七　大阪市中央区淡路町四-三-六
電話（〇六）六二三一-九〇一〇㈹
〈東京支店〉〒一〇一-〇〇五一　東京都千代田区神田神保町一-二　田辺ビル
電話（〇三）六八一一-〇六六二㈹
〈ホームページ〉https://www.sogensha.co.jp/

印刷　図書印刷

ISBN978-4-422-20163-4 C0026

本書の感想をお寄せください
投稿フォームはこちらから▶▶▶▶

【好評既刊】

専門家のガイダンスで古墳めぐりを深く愉しむ最良の案内書。
世界遺産以外の古墳、
消滅した古墳も完全収載した唯一の本。

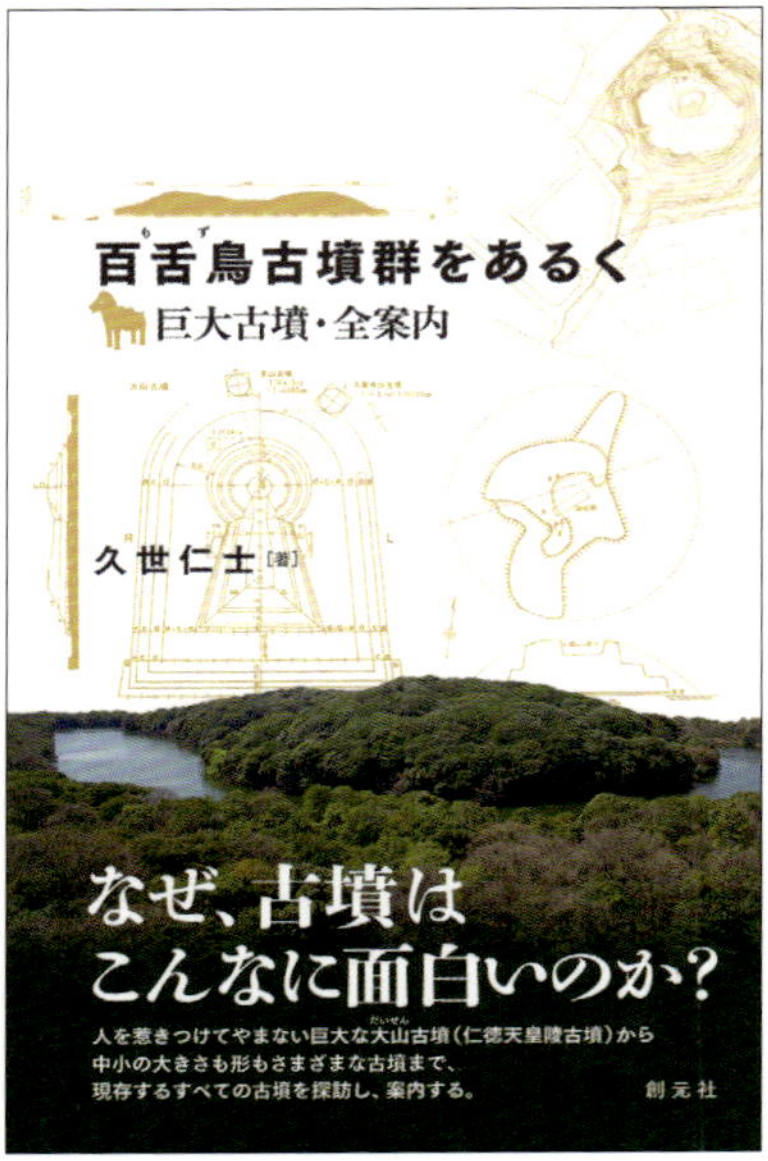

古市古墳群をあるく

巨大古墳・全案内

久世仁士著

A５判変型・並製、208ページ

古市《ふるいち》古墳群は、全国屈指の巨大古墳密集地として知られる。国内第２位の規模を誇る誉田山古墳（応神天皇陵）をはじめ、前方後円墳、方墳、円墳などさまざまな形で集積する河内の古墳群はどう成立してきたのか——。その歴史的変遷から現状までを、最新の考古学的知見とともに探訪し、現存するすべての古墳へ案内する。

〔目次〕

百舌鳥古墳群をあるく

巨大古墳・全案内

久世仁士著

A５判変型・並製、208ページ

百舌鳥《もず》古墳群には、人を惹きつけてやまない巨大な大山《だいせん》古墳（仁徳天皇陵）をはじめ、中小の大きさも形もさまざまな古墳が存在する。地元で文化財保存に携わってきた著者が、現存するすべての古墳を探訪し、多数の図版・写真を交えて案内。古墳の破壊と保存運動など歴史的変遷を経て現在に至った経緯にも触れ、読者を現地へいざなう。

〔目次〕